KINDER DER LIEBE

Genese …
von der Evolution des Menschen

Kinder der Liebe
... Genese

von Thomas Wiethe

Inhaltsverzeichnis:

Vorwort

Johannes Bruder sagte in seinem Buch: „ Die Unterwanderung des Christentums" „ Wir haben uns am Wort Gottes vergriffen".

Wilhelm Busch sagte: „ Moderne Theologie ist Atheismus unter frommen Vokabular. „

Beide greifen die historisch-kritische Theologie an, die den Glauben an das Wort Gottes zerstört. Tatsächlich wird jeder der Theologie an einer Hochschule studiert, sofern diese nicht evangelikal ausgerichtet ist, an der historisch kritischen Theologie nicht vorbeikommen.

Dieser bibelkritische Ansatz stammt aus den Literatur- und Geschichtswissenschaften.
Um den historisch-kritischen Ansatz geht es in diesem Buch nicht, wohl aber um andere wissenschaftliche Ansätze wie die Evolutionstheorie, die die Entwicklung der Menschheit erklären soll.
Sie alle sind Indizien für den Atheismus, der in unserer Gesellschaft herrscht.

Die Entwicklung der Menschheit wird in diesem Buch vorrangig aus der Sicht der Bibel, dem Buch Genesis, beleuchtet.

Das Buch der Offenbarung wird hierbei eine wichtige Rolle spielen und auch verschiedene Irrlehren, die im Verlauf der Menschheitsgeschichte Einzug gehalten haben. Die Entwicklung eines Antichristlichen Weltreiches wird in aller Konsequenz beschrieben. Dabei fängt alles so harmlos an. Jeder kennt es und es ist für die Menschen nichts Ungewöhnliches. Die Bestie, die dieses Reich regiert, ist wahrlich das Scheusal und hält sich an keinerlei Moralvorstellungen.

Aber die Bestie hat nicht das letzte Wort.

Gott sprengt alle menschlichen Erwartungen und ihm ist mit wissenschaftlichen Mitteln nicht beizukommen. Wie sollte die Wissenschaft das auch leisten können. Bezieht sie sich doch auf das Naturbild und unterliegt der strengen Rationalität.

Gott ist Liebe (1.Joh. 4,7) .

Liebe ist im Übrigen unsichtbar und bis auf die physischen Abläufe nicht beweisbar und doch überall in der Welt gegenwärtig und nichts ist wichtiger und notwendiger für die menschliche Entwicklung.

„ Was nützt es (also dem Menschen), die ganze Welt zu gewinnen, aber dabei an der eigenen Seele Schaden zu nehmen oder Sie zu verlieren ? „
(Lukas 9,25).

Gott offenbart sich dem Menschen.

1. Die Entstehung der Welt

1 Mose 1,3. „ Da sprach Gott:.. „

Als Junge wollte ich Astronom oder Astronaut werden. Das Weltall faszinierte mich. Ich dachte mir Geschichten von fernen Galaxien und Abenteuern aus.
Baute Kolonien und Raumschiffe aus Lego. In meiner Fantasie habe ich eifrig das Weltall erkundet und besiedelt.

Gott sprach und es ward. Gott spricht diese Welt in Existenz. Während die Evolutionäre die atheistische Urknalltheorie vertreten, gehen die Kreatoren, davon aus, dass Gott alles geschaffen hat. Dabei müssen Naturwissenschaft und die Bibel nicht unversöhnlich gegenüberstehen.

Die Wissenschaft ist dem strengen Rationalismus verpflichtet. Für die Untersuchung des Naturbildes macht das Sinn.

Um das Weltbild zu untersuchen, macht der strenge Rationalismus keinen Sinn, denn dann ginge man davon aus, dass wir Menschen mit unserer Ratio groß genug wären, alles zu erfassen. Tatsache ist, dass unsere Ratio wie ein Filter funktioniert, damit wir nicht an Reizüberflutung untergehen. Unsere Sinne erfassen selektiv, was für uns wichtig ist, damit wir nicht überfordert werden. Das ist gut so. Aber es wird schief, wenn wir unsere Ratio zum Gott über alles erheben. Das ist eine gefilterte, eingeschränkte Sicht der Realität.

Nehmen wir Radioaktivität oder Radiowellen. Wir können Sie weder sehen noch schmecken und Sie existieren doch und sind nachweisbar. Ihre Auswirkungen können wir wahrnehmen.

So sehen wir die Schöpfung und erfahren etwas über den Schöpfer.

Die Evolutionstheorie hat auch in der Bibel ihren Platz. 1 Mose 1,28 : „ Gott segnete Sie „(in diesem Fall die Menschen) und setzt damit den Evolutionsprozess in Gange. „ Seid fruchtbar und vermehrt euch…". Und so vermehrte der Mensch sich auf natürliche Art und Weise und bevölkerte die Erde.

oder

1.Mose 1,22 bezogen auf die Tierwelt :
Er segnete sie und sagte: »Vermehrt euch und füllt die Meere, und auch ihr Vögel, vermehrt euch auf der Erde!«

Gut der erste Mensch und die ersten Tiere wurden von Gott so geschaffen. Der Mensch ist nicht aus einem Tier entstanden.
Tatsache ist, dass die Evolutionstheorie viel mehr Sinn macht, wenn man von einem intelligenten Schöpfer ausgeht als vom Zufall.

Nehmen wir die Erde. Sie steht in einem perfekten Abstand und Neigungswinkel zur Sonne, sonst wäre Leben wie z.B auf der Venus nicht möglich. Die Sonne gibt konstant ihre Energie wie auf Bestellung ab. Der Jupiter schützt die Erde vor Asteroiden.

Wenn wir uns weiter das menschliche Genom ansehen, macht eine intelligente Quelle noch mehr Sinn.

Dir. und Prof. a.D. Dr.-Ing. Werner Gitt sagt dazu:

„Die stärkste Argumentation in der Wissenschaft ist immer dann gegeben, wenn man Naturgesetze in dem Sinne anwenden kann, dass sie einen Prozess oder Vorgang ausschließen. In allen Lebewesen finden wir eine geradezu unvorstellbare Menge an Information. Das Gedankensystem Evolution könnte überhaupt nur funktionieren, wenn es in der Materie eine Möglichkeit gäbe, dass durch Zufallsprozesse Information entstehen kann.

Diese Information ist unbedingt erforderlich, weil alle Baupläne der Individuen und alle komplexen Vorgänge in den Zellen (z.B. Proteinsynthese) informationsgesteuert ablaufen.

In diesem Beitrag wird mit den Naturgesetzen der Information argumentiert, die aus der Beobachtung gewonnen wurden. Diese Gesetze schließen aus, dass irgendwelche Information, und damit auch die biologische Information, aus Materie und Energie ohne einen Bezug zu einem intelligenten Urheber hervorgegangen sein kann. Wer Evolution für denkmöglich hält, glaubt an ein „Perpetuum Mobile der Information". Die hier gezeigten Naturgesetze verlangen für die Herkunft der biologischen Information einen bewussten und mit Willen ausgestatteten Schöpfer."

Das soll alles Zufall sein. Das ist nicht möglich.
Es handelt sich um das Naturgesetz der Information !

Nehmen wir den Urknall. Seitdem dehnt sich das Weltall auf perfekte Art und Weise aus, sonst würden keine Planeten entstehen. Was vor dem Urknall war, weiß die Wissenschaft nicht.
Nach dem Urknall sind erst Zeit, Raum und Materie entstanden. Das Weltall ist aus einen

winzigen Punkt (Singularität) aus dem Nichts mit ganz viel Energie entstanden.

Gemäß 1 Mose 1 ist Gott mächtiger Geist, also reine intelligente Energie, die das Weltall und die Erde in Existenz sprach. Ein göttlicher Urknall also.

Alles Zufall ?

Zwar wird dem Menschen die Herrschaft über die Erde gegeben, jedoch nicht um Sie mutwillig und habgierig auszubeuten. Man könnte Herrschaft auch mit Fürsorge übersetzen. Die Erde ist sorgsam und pfleglich zu behandeln. Nachhaltiger Umweltschutz ist Aufgabe des Menschen.

Alles Zufall ? Die Bewahrung der Schöpfung ist ein Auftrag. Ein intelligenter Geist oder Schöpfer ist der Ursprung aller Dinge und die Bibel spricht die Wahrheit

Warum können einige Menschen das nicht akzeptieren ?

Nun Sie wären dann nicht mehr ihr eigener

Gott und könnten nicht mehr selbst bestimmen, was richtig und falsch ist. Die Wahrheit wäre nicht mehr relativ.

Es gäbe dann eine absolute Wahrheit, einen absoluten Wertemaßstab, die Bibel, das Wort Gottes.

Gottes Liebe will immer das Beste für den Menschen. Deswegen sagt Gott, dass wir vom Baum des Lebens essen sollen und nicht vom Baum der Erkenntnis.

Was ist falsch an Wissenschaft und Erkenntnis

Nichts. Was Wissenschaft und Erkenntnis mit dem Herzen der Menschen macht, das ist das Problem. Können Wissenschaft und Technik zum Götzen werden ? Ist das nicht die eigentliche Warnung Gottes.

Sir Isaac Newton ruhte unter einem Baum und ein Apfel fiel auf seinem Kopf. So fing er an die Schwerkraft zu erforschen. Isaac Newton war ein eifriger Bibelleser und Wissenschaftler

Für ihn gab es keinen Antagonismus zwischen Wissenschaft und Gott. Für mich im Übrigen auch nicht, denn alle Erkenntnis kommt von Gott.

2. Der Mensch nach dem Bilde Gottes

Und Gott sprach: Lasst uns Menschen machen, ein Bild, das uns gleich sei, die da herrschen über die Fische im Meer und über die Vögel unter dem Himmel und über das Vieh und über die ganze Erde und über alles Gewürm, das auf Erden kriecht. 27Und Gott schuf den Menschen ihm zum Bilde, zum Bilde Gottes schuf er ihn; und schuf sie einen Mann und ein Weib. 28Und Gott segnete sie und sprach zu ihnen: Seid fruchtbar und mehrt euch und füllt die Erde und macht sie euch untertan und herrscht über die Fische im Meer und über die Vögel unter dem Himmel und über alles Getier, das auf Erden kriecht.... (1Mose 1,26)

Mann und Frau sind nach dem Bilde Gottes geschaffen. Er schuf uns als sein Gegenüber, um mit uns in Beziehung zu leben.

Welch eine Menschenwürde, die jeder Mensch besitzt. Der Mensch ist nach 1 Mose 2 eine eigene Schöpfung aus Erde und Geist und stammt nicht vom Tier ab.

Gott segnete Mann und Frau, damit Sie sich vermehren und die Erde in Ihren Besitz nehmen. Das heißt die natürliche Reproduktion des Menschen, bedingt dass ein Mann und eine Frau sich geschlechtlich vereinigen, um Kinder zu zeugen. Die menschliche Reproduktion funktioniert nicht durch Mann und Mann oder Frau und Frau.

Der natürliche Evolutionsprozess wird durch Mann und Frau angestoßen. Damit ist Gott der Urheber der Familie und segnete Sie. Er segnet die Verbindung von Mann und Frau.

Der Gender Mainstream, dem sich mittlerweile viele Parteien angeschlossen haben. möchte die Familie jedoch neu definieren. Mittlerweile ist die klassische Definition von Ehe zwischen Mann und Frau der Ehe für Alle gewichen.

Dabei geht der Gender Mainstream davon aus, dass das Geschlecht aus der gesellschaftlichen Rolle heraus entsteht und der Mensch darüber bestimmt, welches Geschlecht er hat.
Die biologische, göttliche Schöpfungsordnung als Mann oder Frau ist nicht mehr bindend.

So sind unterschiedliche künstlich geschaffene Geschlechter entstanden. zB Homosexuell, Transsexuell, Intersexuell usw. Der Verband LSBTI will die Diskriminierung der Minderheiten beseitigen und eine völlige Gleichstellung mit der Ehe von Mann und Frau erreichen. Eine Neudefinition der Ehe- und des Familienbegriffes ist damit auf der Tagesordnung. Dabei wir der Mensch auf seine sexuelle Identität und das Lustprinzip reduziert.

Aber nicht genug , so soll die Frühsexualisierung in die Schulpläne des Bundesländer übernommen werden, um die Kinder mit dem Gender Mainstream zu indoktrinieren.

Nun was heißt Frühsexualisierung :

Das Konzept der sexuellen Vielfalt wurde ins Leben gerufen.

Dabei wünschen Sie sich , dass die „ anerzogene" Scham der Kinder aberzogen wird. Die Scham ist nicht natürlich. Kinder mit vier Jahren sollen mit der Sexuellen Vielfalt des Gender Mainstreams in der Ausbildung

ihrer sexuellen Identität gestört werden. Sie erhalten nicht die Chance,
sich auf ihr Mann- oder Frausein sein zu konzentrieren und eine gesunde sexuelle Identität herauszubilden. Außerdem wird es künftig Spielecken geben, um sich sexuell ausprobieren zu können. Auf Details wird hier verzichtet und das im Alter von ca. 4 Jahren.

Es gibt nur einen Namen für diese Vorgehensweise „Indoktrination „. Der Name „Sexuelle Vielfalt" verschleiert die Pädophilie, die sich dahinter versteckt.

Vorreiter für die Frühsexualisierung ist hier Baden-Württemberg, Niedersachsen. Weiter wollen Berlin, Bayern und Hessen nachziehen.

Was meint nun Gott dazu ? Wir schauen in die Schöpfungsordnung der Bücher Mose :

Gott ist heilig und hat Mann und Frau als sein Gegenüber geschaffen. „ Darum wird ein Mann seine Eltern verlassen, damit er seiner
Frau anhängt und Sie ein Fleisch werden." (1.Mose 2,24)

Das soll der Höhepunkt der Liebe und der Ehe sein. Eine seelische, geistige und damit körperliche Einheit. Sex ist somit etwas sehr gutes. „ und er schuf Mann und Frau und siehe es war sehr gut" (1.Mose 1,31) . Hier wird an keiner Stelle von Mann und Mann oder Frau und Frau gesprochen. Die Homosexualität führt somit nicht zu der Einheit und Ergänzung wie Gott Sie sich vorstellt. Auch körperlich passen Mann und Mann und Frau und Frau nicht zusammen. Sie können damit auch keine Kinder, kein Leben, zeugen. Das ist der Verbindung von Mann und Frau exklusiv vorbehalten. Dabei soll der Sex in der Ehe, einer verbindlichen, liebevollen Verbindung zwischen Mann und Frau, stattfinden. Die Einheit der Eheleute wird von Gott geschützt. „ Zerstöre keine Ehe" (10 Gebote) Ehebruch und Unzucht wurden von ihm verboten, um diese einzigartige Verbindung zu schützen. Das Abbild unserer lebendigen Beziehung mit unserem ewigen Ehemann, Gott selber.

Wir Menschen sind somit zur ewigen Gemeinschaft mit Gott und unserem Nächsten geboren. Die Ehe zwischen Mann und Frau und unserem Gott ist unserer wichtigster Anker in diesem Leben und damit nicht beliebig. Götzendienst ist verboten, damit wir nicht verloren gehen. Versteht mich richtig, es geht mir nicht um eine Verurteilung der Homosexualität. Für die jahrzehntelange

Verfolgung der Homosexuellen entschuldige ich mich ausdrücklich im Namen der Christenheit.

Die Menschen zu belügen, liegt Gott jedoch fern. Auch als er Ihnen sagte, welche Konsequenzen Sie für Ihren Ungehorsam zu erwarten haben.

Ohne Gottes Eingreifen in Jesus Christus würden die Menschen noch unter der Herrschaft der Sünde und damit des Bösen stehen und würden weiterhin verloren gehen.

Gott blieb treu und zuverlässig in seinen Aussagen. Auch dieser Grundsatz zieht sich durch die ganze Bibel hindurch und dokumentiert sich in seinen Bündnissen, die er mit den Menschen und seinem auserwählten Volk eingegangen ist.

Von Seiten der Menschen sind die Bündnisse jedoch ein jedes Mal gebrochen worden bis wieder ein Gericht über die Menschen hereinbrach und Gott wählte sich wieder die

Menschen ,um ein neues Bündnis mit ihnen zu schließen.

Hätte er es besser wissen müssen ?

Ja, er sagt sogar den Treuebruch der Menschen voraus. Aber wie ein treuer Ehemann läuft er seiner treulosen Braut hinterher bis zum heutigen Tage.

Gottes Liebe will immer das Beste für den Menschen. Deswegen sagt er, dass Sie vom Baum des Lebens essen sollen und nicht vom Baum der Erkenntnis.

Als ich einmal durch einen Unfall das Bett hüten musste, war ich von der Herrlichkeit Gottes berührt : Ich sah im Fenster einen Baum im Herbst, dessen Blätter durch die Sonne richtig goldbraun wurden.
Mir erschien die Baumkrone wie eine richtige Krone. Ich war fasziniert. Dieser Baum hatte zwei Wurzeln. Die eine geht in die Erde und die andere in den Himmel. Dabei ist die Baumkrone der Teil der im Himmel verwurzelt ist und durch den Sonnenschein zur Krone wird. Und ich dachte so sind wir Menschen. Wir haben vergessen, dass wir auch im Himmel verwurzelt sind.

Der moderne Mensch glaubt an den Materialismus.

Dass sein Gehirn eine Art Antenne in Richtung Himmel ist, ignoriert er.

Als säkularer Katholik habe ich mein Leben gelebt wie es mir gefiel. Partys, streben nach Reichtum und viel Vergnügen. Nichts habe ich mir versagt. Als ich das erste Mal in eine Baptistengemeinde in Hannover mit genommen wurde, war ich schon erstaunt über den lebendigen Glauben, den ich vorfand. Aber ich dachte auch, dass diese Menschen ein wenig verrückt seien. Zum Lobpreis hoben Sie die Hände und lobten Gott. Ich dachte erst mal nur an das Mädchen, dass ich näher kennenlernen wollte. Aber irgendetwas berührte mich. Wieso dachte ich ?

Später im Alphakurs, das ist ein Kurs für Einsteiger in den christlichen Glauben, erfuhr ich, dass ich als Namenschrist vom Geist Gottes berührt wurde und mir die geistige Neugeburt fehle. Fragen über Fragen schwirrten in meinen Kopf. Der Geist Gottes ? Als Namenschrist hatte ich nichts davon gehört. Man richtete sich einfach nach den Anweisungen der Kirche und des Priesters.

Die Auslegung der Heiligen Schrift oblag allein dem Priester und der Kirche. Selbst in der Bibel zu lesen erübrigte sich damit.

Was ist dann die geistliche Neugeburt ?

Wir leben durch den Sündenfall in einer gefallenen Schöpfung. Damit wir wieder zur Ebenbildlichkeit Gottes zurückfinden, müssen zuerst die Menschen von neuem durch den Geist Gottes geboren werden.
Eine Neugeburt von oben also. Ein neuer Mensch entsteht.

Jesus antwortete: »Amen, ich versichere dir: Nur wer von oben her geboren wird, kann Gottes neue Welt zu sehen bekommen.
4 »Wie kann ein Mensch geboren werden, der schon ein Greis ist?«, fragte Nikodemus. »Er kann doch nicht noch einmal in den Mutterschoß zurückkehren und ein zweites Mal auf die Welt kommen!«
5 Jesus sagte: »Amen, ich versichere dir: Nur wer von Wasser und Geist geboren wird, kann in Gottes neue Welt hineinkommen.2
6 Was Menschen zur Welt bringen, ist und bleibt von menschlicher Art. Von geistlicher Art kann nur sein, was vom Geist Gottes geboren wird. (Joh. 3-6)

Wie kommt es nun zur geistlichen Neugeburt :

Indem ich Jesus Christus als meinen Herrn und Erlöser annehme und für meine Sünden sein Opfer am Kreuz für mein Leben annehme. Ich empfange Vergebung und ich kann erst dann Gemeinschaft mit Gott haben, denn Gott ist heilig. Ich erhalte als Gabe Gottes den heiligen Geist und das ewige Leben. Das nennen wir als messianisch gläubige Christen Heilsgewissheit. Der neue Bund ist im Detail in Hesekiel 36,25 beschrieben:

Mit reinem Wasser besprenge ich euch und wasche so die Schuld von euch ab, die ihr durch euren abscheulichen Götzendienst auf euch geladen habt. Allem, was euch unrein gemacht hat, bereite ich dann ein Ende.
26 Ich will euch ein neues Herz und einen neuen Geist geben. Ja, ich nehme das versteinerte Herz aus eurer Brust und gebe euch ein lebendiges Herz.
27 Mit meinem Geist erfülle ich euch, damit ihr nach meinen Weisungen lebt, meine Gebote achtet und sie befolgt

Diesen neuen Bund hat Jesus Christus mit seinen Blut begründet. Mit den Juden zuerst.

Du wirst dann ein geliebtes Kind Gottes. Du hast eine neue Identität in G`TT und das verändert Alles.

Du bist dann nicht mehr was Du hast. Der Materialismus sagt das Gegenteil : Haste was, biste was. Du bist dann nicht mehr, was andere über dich sagen : In unserer Gesellschaft ist die personenbezogene PR so wichtig. Das Motto ist : Tue Gutes und sprich darüber. Wie beurteilt mich dieser oder jener. Jeder will einen guten Eindruck erwecken. Du bist auch nicht, was Du tust : Ein Fehler oder Sünde raubt Dir nicht
die Existenz als geliebtes Kind Gottes.

Deine Identität entscheidet über Sieg oder Niederlage. Deine Identität wird Dir von deinem geliebten Vater im Himmel verliehen und Du kannst damit die Riesen (Probleme in deinem Leben überwinden) Diese Liebe des Vaters macht Dich ruhig und gelassen und bringt Dich dazu diese Liebe Christi mit deinen Mitmenschen zu teilen und Ihnen Gutes zu tun.

Die ihn aber aufnahmen und an ihn glaubten, denen gab er das Recht, Kinder Gottes zu werden. (1. Joh. 12)

Nur die geistige Wiedergeburt führt wieder in die volle Ebenbildlichkeit wie Gott Dich geschaffen hat.

Danke Jeschua, Jesus, Isa
Der der selbst Gott ist.

Doch sein einziger Sohn, der selbst Gott ist und in enger
Gemeinschaft mit dem Vater lebt, hat ihn uns gezeigt
(1.Joh.18)

Was sucht Ihr um Himmels Willen den
lebendigen Gott in toter Philosophie. Wollt
Ihr, dass er sich euch offenbart, dann lest sein
lebendiges Wort, dass die Bibel ist.

Es ist kein Gott außer dem lebendigen Gott,
der Jesus Christus von den Toten auferweckt
hat.
Es ist kein Gott, außer dem dreieinigen Gott,
dem Vater, Sohn und dem heiligen Geist.
Es ist kein Gott außer Gott allein.

3. Die gefallene Menschheit

Die Schlange war listiger als alle anderen Tiere, die
Gott, der HERR, gemacht hatte. »Hat Gott wirklich
gesagt, dass ihr von keinem Baum die Früchte essen
dürft?«, fragte sie die Frau.
2 »Natürlich dürfen wir«, antwortete die Frau,
3 »nur von dem Baum in der Mitte des Gartens nicht.
Gott hat gesagt: ›Esst nicht von seinen Früchten, ja –
berührt sie nicht einmal, sonst müsst ihr sterben!‹«

4 »Unsinn! Ihr werdet nicht sterben«, widersprach die
Schlange,

5 »aber Gott weiß: Wenn ihr davon esst, werden eure
Augen geöffnet – ihr werdet sein wie Gott und wissen,
was Gut und Böse ist.«

6 Die Frau schaute den Baum an. Er sah schön aus! Es
wäre bestimmt gut, von ihm zu essen, dachte sie. Seine
Früchte wirkten verlockend, und klug würde sie davon
werden! Sie pflückte eine Frucht und biss hinein. Dann
reichte sie die Frucht ihrem Mann, der bei ihr stand, und
auch er aß davon.

7 Plötzlich gingen beiden die Augen auf, und ihnen
wurde bewusst, dass sie nackt waren. Hastig flochten
sie Feigenblätter zusammen und machten sich daraus
einen Lendenschurz.

8 Am Abend, als ein frischer Wind aufkam, hörten sie,
wie Gott, der HERR, im Garten umherging. Ängstlich
versteckten sie sich vor ihm hinter den Bäumen.

(1. Mose 3)

„ Wie wohltuend ist es, wenn Brüder, die beieinander
wohnen, sich auch gut verstehen…Dort will der Herr
seinen Segen schenken, Leben , das für immer besteht. „
(Ps. 133)

Als ich ein „ Mann von Welt" war, liebte ich
Partys, Autos, Karriere und andere
Statussymbole.
Ich meinte, dass ich meinem Wert etwas
hinzufügen müsste, um geliebt zu werden. Ich
liebte die Welt und merkte nicht, dass ich
immer mehr Kompromisse einging, um beliebt
zu sein. Das größte Haus, natürlich mit Pool,
Jugendstilbüro und BMW.

Na klar, man kannte mich und meine große Klappe. Haste was, bist Du was ?

Ich lag sooo daneben. Echte Liebe Fehanzeige. Stimmte die Leistung, stimmte auch der Geldbeutel. Mit Liebe hatte das nichts zutun.
Keiner kannte mich richtig, meine Seele verödete langsam. Also brauchte ich mehr Vergnügen, also Ablenkung. Hätte man mich gefragt, ob mir etwas fehlen würde, hätte ich geantwortet: Nein, natürlich nicht. Äußerlich stimmte alles. Aber als ich mich in den Schlaf weinte wusste ich das konnte nicht die Wahrheit sein !

Hinter der Fassade war ich einsam. Bevor es ernst wurde, war ich meistens schon weg.
Das betraf Beziehungen und auch die Beschäftigung mit meinem Seelenleben.

Hauptsache die Kasse stimmt, dann kann mir keiner was, dachte ich.

Adam war der erste Mensch. Damit der erste Mensch nicht allein sei, schuf Gott ihm eine Frau. Denn es ist nicht gut, dass der Mensch allein sei. Einsamkeit ist nicht das Lebenskonzept für den Menschen. Wir sind soziale Wesen. Die kleinste Keimzelle der Gesellschaft ist die Familie. Nichts ist mehr angefochten vom Teufel als Gott, die Familie und die Sexualität eines Menschen. Denn damit greift er die Identität an. Die Ebenbildlichkeit, die über Sieg oder Niederlage entscheidet.

Nun der Teufel sät zuerst einmal Misstrauen zwischen Gott und den Menschen, zwischen Mann und Frau, damit die Beziehung Schaden nimmt.
Hat Gott das wirklich gesagt ?
Unsinn ihr werdet nicht sterben, sondern ihr werdet unabhängig von Gott und voneinander sein. Ist das nicht verlockend ? Aber ist das auch die Wahrheit ? Brauchen wir nicht einander, mehr als uns lieb ist.

Der Plan des Teufels ist Zweifel zu säen, Entmutigung und Versagen. Der Teufel lenkt unsere Blickrichtung, den Augenschein, auf unsere Probleme, Umstände anstatt auf Gott.
Probleme; Nöte aufschieben, statt anpacken und lösen mit Gottes Hilfe.
Der Teufel ist listig
ein Lügner und ein Zerstörer. Er versucht Macht über den Menschen zu gewinnen,

indem er ihn durch die Sünde versklavt. Deswegen scheut er das LICHT. Den Menschen verlocken die falschen Dinge statt die Richtigen.

Der Satan stellt Gottes Güte, die durch sein Wort spricht, infrage. Gott will immer noch das Beste für uns Menschen.

Wie reagieren Adam und Eva ?

Sie essen von der verbotenen Frucht.
Sie konsumieren. Ihr Magen wird ihr Gott.
Das was Gott geben kann ist wichtiger als die Beziehung zum Schöpfer.

Sie werden zu den ersten Materialisten.

Sie haben nur das Diesseits im Fokus. Das Problem ist, wenn es uns körperlich gut geht, vergessen wir so leicht unsere Seele. Uns fehlt nichts und wir merken gar nicht, wie wir immer mehr unter die Herrschaft des Bösen kommen, denn augenscheinlich geht es uns gut. Der Teufel korrumpiert uns einfach und verspricht uns sprichwörtlich die ganzen Verlockungen der Welt.

Wir fallen rein. Wir erkennen, dass wir etwas

falsch gemacht haben und wollen es verstecken und die Schuld auf einen anderen schieben, z.B auf eine Frau oder andere Menschen, eine Minderheit, die sich nicht wehren kann. Tatsache ist wir haben Schuld und erkennen Sie und wollen Sie vor Gott und den Anderen verstecken.

Das Problem ist im Paradies hatten wir Alles.
Aber wir wollten mehr und Mehr wird daraufhin nie wieder genug sein. Die Habgier, die Begierde ergreift uns. Die Wurzel allen Übels. Die Sünde kam in die Welt und breitet sich wie ein Virus aus. Viele Menschen sind Sklaven ihrer Selbstsucht und Habgier.

Die erste Menschliche Hochkultur entstand und der erste Mord wurde gegangen.
1 Mose 4, 19   Lamech heiratete zwei Frauen. Eine reichte nicht. Es entstand die Schmiedekunst, die Unterhaltung Zither-und Flötenspiel, Ackerbau und Viehzucht. Lamech vergleicht sich mit Kain und hält sich für besser. Er überhebt sich gegenüber seinem Vorfahren und verlangt unverhältnismäßige Strafen, wenn ihm ein Leid zugefügt wird. Menschliche Überheblichkeit und Rache, nicht Gerechtigkeit, entsteht.

Lamech will das Recht in die eigne Hand nehmen. Überheblichkeit und kulturelle Entwicklung entwickeln sich zusammen.

Nach dem Gericht Gottes durch die große Sintflut, geht es mit der Überheblichkeit der Menschen weiter. In 1 Mose 11 lesen wir vom Turmbau zu Babel. Bis in den Himmel reicht der Turm. Historiker gehen davon aus, dass es ein Stufentempel war, der von Nebukadnezar in Babylon errichtet wurde. Es war das Symbol der Macht und wurde dem höchsten Gott der Babylonier gewidmet. Die erste UN entsteht und alle Menschen sprechen die gleiche Sprache. Der größte Wirtschaftsraum der Welt entsteht. Die Menschen haben nicht Gott im Sinn, sondern
Sich selbst. 1.Mose 11,4 beschreibt Babylon als eine zentrale Stadt, die Mutter aller Metropolen und ein Denkmal der Erhabenheit des Menschen, das bis in den Himmel reicht.

Der erste Wolkenkratzer entsteht. Sind die Wolkenkratzer unserer Zeit nicht auch Tempel entweder des Mammons oder des Konsums, unseren goldenen Kalbes, dem wir alles unterordnen. Den Turmbau zu Babel gibt es auch in unserer Zeit. Die Kirchen sehen dagegen klein und unscheinbar aus. Früher war die Kirche das Zentrum jeder Stadt und jeden Dorfes.

Kulturelle Entwicklung und Abfall gehen Hand in Hand. Denkmäler für menschliche Größe werden erbaut. Dabei hatte nach der Sintflut alles gut mit Noah, dem letzten treuen Anhänger Gottes und seine Familie, dem zweiten Vater der Menschheit, angefangen.

Gott segnete Noah und seine Familie und Sie bevölkerten die Erde, nachdem Gott die Menschen mit ihren bösen Herzen vollständig ausgerottet hatte. Nun nach dem Turmbau zu Babel, zerstreute Gott die Menschen über die ganze Welt und gab Ihnen unterschiedliche Sprachen und Rassen. Ein Weltreich war eine zu große Versuchung für den Menschen.

Die Nachfahren der Söhne Noahs sind :

Von Sem stammen die semitischen Völker, von Jafet die Europäer und Asiaten und von Ham die Ägypter, Afrikaner und Inder ab.

Wenden wir uns Kain und Abel zu und schauen uns an, welche Archetypen diese Beiden darstellen vgl. 1.Mose 4:

Kain war Ackerbauer und Abel Viehzüchter. Die Eltern waren Adam und Eva. Beide hielten Gottesdienst ab und beteten zu Gott.

Sie sind also die Stammväter zweier Religionsformen : Die menschengemachte Religion und die vom gottgewirkten Glauben.

Beide opferten Gott. Nur das Opfer Abels nahm Gott an. Nicht das Opfer Kains, dass aus dem Überfluss seines Ertrages stammte.

Das Opfer Abels
kam von Herzen. Abel opferte seine erstgeborenen Lämmer während Kain aus seinem Überfluss opferte. Bei Abel kam Gott an erster Stelle und Abel kannte seinen Gott und wusste, was ihm gefiel. Kain wollte durch eigene Anstrengungen Gott gefallen. Gott wies jedoch Kains Opfer ab. Abel wollte Gott durch Glauben von ganzem Herzen gefallen und Gott nahm sein Opfer an. Gott sah Abels Herz an und seine Liebe zu Ihm.

Kain wurde eifersüchtig und zornig. Menschengemachte Gebote weist Gott ab.

Gott muss dein Opfer, dein Gebet, schon annehmen.
Dein gottgefälliges Leben gefällt dem Herrn.

Kain ermordete Abel und durfte nicht mehr in der Gegenwart Gottes verbleiben. Kain ist somit der Archetyp einer Religion, die die Auserwählten Gottes verfolgt.

Die menschengemachte Religion hat die folgenden Merkmale : menschengemachte Gebote, Opfer, Gott bekommt die Reste, Materialismus, Unzucht und häufig Blutvergießen, Verfolgung, Menschenopfer.

Kain ist somit der Archetyp eines Sohnes des Teufels, der ja bekanntlich ein Lügner, Betrüger und Mörder ist.

Die Archetypen : Adam Eva und Noah haben die folgenden Merkmale :

Adam : Erster Vater der Menschen. Zunächst gläubig, dann abgefallen. Durch Frauen verführbar. Sucht die Schuld bei Anderen, nicht bei sich selbst. Versteckt sich und läuft vor den Problemen lieber weg als sich ihnen zu stellen. Macht sich und anderen etwas vor. Kann nicht allein sein.

Braucht ein Gegenüber. Lässt sich dementsprechend leicht beeinflussen.

Eva : Erste Mutter aller Menschen, Zunächst gläubig, dann abgefallen. Sucht nach Unabhängigkeit und richtet sich nach dem Augenschein.
Materialistisch. Beziehungswesen. Sucht die Schuld bei Anderen nicht bei sich selbst.
Versteckt sich.

Noah : Rechtschaffender, gläubiger, redlicher, konsequenter Mann. Lebt in enger Beziehung zu Gott und gehorcht Ihm. Lebt sein Leben zu Gottes Ehren. Lässt sich von seiner Umgebung nicht beeinflussen. Geht seinen Weg mit Gott.
Zweiter Vater der Menschheit und der monotheistischen Religion.
Sein ganzes Leben ist ein Opfer für Gott.
Problem : Alkohol und Fluchen.

Nun erkenne ein jeder sich selbst !

Gott könnte nun sagen ich habe es geschafft.
Die Ungläubigen sind ausgerottet und die Gläubigen bevölkern die ganze Erde.

Wenn nicht mit dem Turmbau zu Babel und dem Einhergehen der Gründung eines

Weltreiches mit entsprechendem Fortschritt und kultureller Entwicklung wieder die alte Erbsünde durchgekommen wäre. Über den Turmbau zu Babel hatte ich schon gesprochen.

Das Muster des Abfalls wie bereits erwähnt :

Gott schließt ein Bündnis mit den Menschen und segnet Sie, also mit Adam und Eva und dann mit Noah. Die auserwählten Menschen fallen ab und das Gericht kommt über Sie.

Im Falle des Turmbau zu Babel, Babylon das erste Weltreich, zerstreut Gott die Menschen über die ganze Erde und Sie bilden jeweils eigene Kulturen und Sprachen. Es wird weiter erzählt, dass Sie sich nicht erkannten.

Die 1. Diaspora.

Beim Turmbau zu Babel handelt es sich nach Meinung der Historiker um einen Stufentempel eines babylonischen Götzen wie es viele gab am Euphrat in Mesopotamien.

In Zeiten des Gerichts wird einer treuer Überrest von Gott gerettet, zB Noah und seine Familie : Gott ist barmherzig zB mit Adam und Eva. Er vertreibt Sie aus seiner

Gegenwart, tötet Sie jedoch nicht. Genauso verhält es sich bei der 1. Diaspora und dem Turmbau zu Babel. Nimrod war der erste Gewaltherrscher. Nimrod hieß auch eine Hauptstadt des assyrischen Weltreiches.
Der Name war Programm.
Alle die Hochkulturen zerfielen aufgrund ihrer Sünden, ihres moralischen Abfalls.

Die Archäologie sprechen lieber von einem linearen Verlauf der Menschheit von der Steinzeit bis zur Moderne. Dies muss jedoch korrigiert werden. Die Bibel spricht von einer wellenförmige Entwicklung und vom Phänomen der Cargokultur und das passt auch besser. Also die Hochkultur unterdrückt und versklavt die niedrige Kultur oder lassen sich bewusst oder unbewusst als Götter verehren.

Durch das Phänomen der Cargokultur wird die niedrigere Kultur mit der Hochkultur infiziert und wird selber zur Hochkultur.
Die Menschen ahmen ihre Götter oder Herren nach. So lernen wir.

Nun sucht Gott neue Auserwählte und erwählt sich **Abraham aus Haran / heutige Türkei. Sie kamen ursprünglich aus Ur in Chaldäa.**

Auch in Ur gab es Stufentempel zur Verehrung ihrer Götter.

„Breche auf in ein Land, dass ich Dir zeigen werde." (1. Mose 12) Gott fordert Abraham und seine Familie auf den Götzendienst zu verlassen.

Nun hätte Abraham, der Name bedeutet Vater vieler Völker, sagen können : Nein hier ist es bequem zuhause in Haran bzw. Ur. Meine Familie ist hier, die ich nicht verlassen möchte.

Aber Abraham gehorcht, verlässt seine Heimat und die Götzen seiner Väter in Chaldäa und macht sich auf nach Kanaan. Er verlässt also seine Komfortzone und begibt sich auf eine gefährliche Reise mit Gott.

Gott sucht Menschen, die ihm vertrauen und gehorchen und sich auf ein Wagnis mit ihm einlassen. Glauben ist erst mal nicht schauen, sondern Abraham vertraut auf eine Zusage Gottes, genau wie Noah.

Das Glaubensabenteuer des Abraham beginnt in Abhängigkeit von Gott in Richtung einer neuen Zukunft mit Gott.

Abraham zeugte mit der Sklavin Hagar den Ismael, Stammvater der Araber, und mit Sarah, seine Frau und Schwester, der Freien, den Isaak, den Stammvater der Juden. Beide Völker werden von Gott gesegnet und werden zu weltbekannte Völkern und Religionen.

Abraham ist der Stammvater folgender monotheistischer Religionen : Judentum, Islam, geistige Nachfahren des Ismael, Sohn der Sklavin, und das Christentum, geistige Nachfahren des Jesus, des Christus, Nachfahre Isaaks und Jacobs. Davids Sohn. Abraham ist ein Nachfahre Sems.

Gott verspricht dem Abraham in einem Schwur : Das Land Kanaan, das seine Nachfahren so zahlreich werden wie die Sterne und das Gott ihn segnet und damit auch die Völker durch seinen Nachfahren Jesus Christus.
Abraham vertraute Gott. Er ist der Stammvater wie Noah aller diejenigen, die durch Glauben gerecht werden. Abraham und Noah waren beide keine Engel. (1. Mose 12,1-3, 15,4-6,13,17-18, Math. 1)

Abraham sieht wie das Bundesvolk, die Juden, abfallen und in Ägypten zu Sklaven werden.

Abfall bedeutet in diesem Zusammenhang die Ebenbildlichkeit Gottes zu verlieren. Ein durch Sünde verändertes Wesen stattdessen zu erhalten.
Wenn unser Geist auch unser Genom verändert, wird die Sünde damit weitervererbt. (Erbsünde). Die Beziehung zu Gott wird verlassen und ein unabhängiges, selbstbestimmtes Leben wird angestrebt.

Wir springen in unserer Zeitreise ins Hier und Jetzt. Angela Merkel ist Bundeskanzlerin in Deutschland. Es regiert die große Koalition.

Die Probleme, die Kämpfe unter-und miteinander und die Ratlosigkeit in der Politik nehmen zu. Die Gesellschaft ist in Linke und Rechte aufgespalten. Die etablierten Parteien haben keine Lösungen für die Probleme unserer Zeit. Sie werden von Ereignis zu Ereignis getrieben.

In der Welt wird nach starken Männern und Frauen gesucht. In Russland regiert Putin, in den USA Trump und in der Türkei Erdogan,

Autoritäre Präsidenten treten auf der
Weltbühne auf. Auf den
Weltklimakonferenzen wird nach Lösungen
für den Klimawandel gesucht, jedoch wird
keine brauchbare Lösung gefunden. So dass
Naturkatastrophen die Regel werden. Einige
Inselstaaten bangen um ihre Existenz.

Die Christen sind lau und säkular geworden.
Sie erscheinen in Teilen wie gelähmt.
Sie kreisen um sich und ihre Probleme.
Die Unzucht feiert auch dank des Internets
Hochkonjunktur.

Dennoch geht es uns in Deutschland
vergleichsweise gut. Der Tanz um die
goldenen Kälber Wohlstand und technischer
Fortschritt wird überall auf der Welt getanzt.

Künstliche Intelligenz und Robotik sowie
Digitalisierung sind die aktuellen Trends und
populär wie nie. Kein Staat kann es sich
leisten technologisch abgehängt zu werden.
China, die USA und Deutschland stecken
Milliardenbeträge in die Entwicklung der
künstlichen Intelligenz. Unsere Kinder
wachsen ganz natürlich mit Smartphone,
Tablet, Internet, Roboter und PC auf. Ich war

früher froh als ich meinen kleinen Schneider oder Comodore PC hatte. Seitdem hat sich die Computertechnik und die Gesundheitstechnik rasant entwickelt.

Wofür brauchen wir da noch einen Gott, der uns sagt, was wir zu tun und zu lassen haben. Wir sind ja so selbstbestimmt ?

Die Versuchung sich selbst zu einem Gott zu machen, überkommt den Menschen sobald es Ihm zu gut geht.
Das scheint heutzutage durch den aufgeklärten Humanismus erreicht worden zu sein.

Was bedeutet Aufklärung ?

Die Aufklärung wurde in der französischen Revolution geboren. Die Aufklärung proklamiert „ die Herrschaft der Ratio" als Gegenbewegung zur herrschenden Schicht : dem König, von Gott eingesetzt, der seine Macht missbrauchte und der Kirche, die die Menschen bevormundete und Ihnen sagte, was Sie zu denken hatten. Hab den Mut selbst zu denken, sagte Immanuel Kant. Die folgenden Kernelemente zeichnen die Aufklärung aus :

-Menschenrechte, Religionsfreiheit, Gleichheit
- Gewaltenteilung, Trennung von Kirche und
Staat
- Herrschaft der Vernunft
- Wissenschaft : Es muss bewiesen sein. Die
Wissenschaft und die Vernunft herrschen. Der
Vater Staat regiert fortan über die Religion
und die Feudalherren.
Und wo bleibt die Seele ? Es gibt doch
Psychotherapeuten.

Was ist Humanismus ?

Humanismus kann man mit Menschlichkeit
übersetzen.

**Der Humanismus laut ihrem Verband
bekennt sich zu den Menschenrechten
und zur Humanität.**

**Der Begriff Humanität ist älter als das
Christentum und lässt sich zurückverfolgen
bis in die europäische Antike. Er hatte
schon dort die Bedeutung
einer „Gleichheit aller Menschen" sowie
von „Bildung" – im weiten Sinn
einer Zivilisierung – und „Barmherzigkeit".
Beispielhaft bei Cicero: „Die Natur schreibt
auch das vor, dass der Mensch dem**

Menschen, wer immer es sei, helfen wolle."

Nach Niethammer hat der von den Griechen thematisierte Logos den Menschen über seine rohe Natur hinaus zum Geistigen geführt. Erst damit wurde seine wahre Menschlichkeit begründet. Der Logos, der sich in Jesus Christus inkarniert habe (Joh 1,14 EU), sei zugleich das Urprinzip menschlicher Bildung. (Wikipedia)

Mitmenschlichkeit, Bildung und ein selbstbestimmtes Leben ersetzen Gott, der die Nächstenliebe und Mitmenschlichkeit erfunden hat.
Der Pluralismus postuliert eine Gleichwertigkeit des Menschen. Der Mensch als selbstbestimmtes Individuum. Das Ego regiert, sofern es andere Menschen nicht schadet.
Selbstbestimmung ist ein hohes Gut in unserer Gesellschaft. „Ich will so bleiben wie ich bin." sagt ein Werbeslogan.

Der Mensch möchte unabhängig von Gott und seiner Liebe werden. Natürlich muss Beides ersetzt werden.

Der Humanismus rückt den Menschen ins

Zentrum und vergötzt ihn. Die Bevormundung der Kirchen ist zu Ende. Sie werden für Manche zu einem Relikt der Vergangenheit.

Eine Kopie Gottes und seiner Liebe musste geschaffen werden.

Der Materialismus gaukelt uns Unabhängigkeit von Gott und dem Nächsten vor. Hinter der Fassaden verödet die Seele. Erkrankungen der Seele und des Geistes sind die Folge.
Der Materialismus sagt : Haste was, Bist du was ? Zwingt uns dem Mammon zu dienen.

Und das Alles passiert, wenn wir die Abhängigkeit von Gott und Gott selbst verneinen, denn in der Bibel heißt es : „Liebe Gott und deinen Nächsten wie Dich selbst."

Jesus antwortete: Das erste ist: Höre, Israel, der Herr, unser Gott, ist der einzige Herr.
30 Darum sollst du den Herrn, deinen Gott, lieben mit ganzem Herzen und ganzer Seele, mit deinem ganzen Denken und mit deiner ganzen Kraft.
31 Als zweites kommt hinzu: Du sollst deinen Nächsten lieben wie dich selbst. Kein anderes Gebot ist größer als diese beiden
(Markus 12,29-31)

Zuerst kommt Gott und seine guten
Ordnungen, dann der Nächste und zum
Schluss kommt : Dein Ego.

Das Problem sind nicht die vielen guten
Errungenschaften des aufgeklärten
Humanismus.

Das Problem ist, dass wir nicht mehr den
Schöpfer anbeten, sondern die Schöpfung und
uns SELBST.

Geben wir uns wie Eva mit dem Augenschein
zufrieden ? Ja eindeutig. Die Werbung kreiert,
dass Schönheitsideal. Schönheit und
Konsumieren um jeden Preis. Wir haben uns
einen goldenen Käfig geschaffen und uns
eingesperrt. Die Beziehung zu unserem
Nächsten wird zum Konsumgut : Erotik und
Pornografie boomen. One Night Stands usw.

Hinter der Fassaden bleiben wir mit uns
SELBST allein.

Die Beziehung zwischen Gott und den
Menschen ist seitdem gestört oder zerstört.
Viele Menschen sind einsam und depressiv.

Gott sagt in seinem Wort : Die Liebe sei euer höchstes Ziel und wir verstehen wie Eva nur begehren.

Liebe oder Begehren ? Das ist die Frage :
Habgier oder das Beste für den Nächsten ?
Wofür entscheidest Du DICH ? Was ist mit mir ? Komme ich zu kurz ?

Wenn Du Jesus Christus in deinem Leben hast, hast Du das Leben in aller Fülle !

Hast Du ihn nicht, bist Du wirklich einsam.

Die moderne Welt wird von zahlreichen Ideologien, Wissenschaftliche Theorien und technische Errungenschaften zB Smartphone, PC ua. beherrscht.

Ohne echte Zuwendung und Liebe unseres Nächsten, also verbindliche, liebevolle Beziehungen, bleiben wir alleine.

4. Der Gott Wissenschaft und Technik

Eine Prellung hätte es auch getan, war einer meiner ersten Gedanken als ich nach einem Sportunfall in die Klinik kam.

Gleich geröntgt und dann ins CT. Ich war dankbar für die schnelle Diagnose und die schnelle Verabreichung von Schmerzmitteln. So hatte ich mir den Abend mit meinen Kollegen nicht vorgestellt.

In den nächsten Tagen erklärten die Ärzte mir die geplanten OPs. Ich bin dankbar für unser gutes Gesundheitssystem.

Ich wurde richtig an der gebrochenen Stelle verschraubt und verplattet.
Danach war liegen und Krankengymnastik angesagt. Den Anweisungen der Ärzte ist Folge zu leisten : Beugegrad 30 und Abrollbelastung des operierten Beines.

Die Halbgötter in Weiß sagten wie nun mein Leben auszusehen hatte und dass eine Prothese unumgänglich sei. Ich war nicht davon überzeugt.

Wir vertrauen unseren Ärzten und Wissenschaftlern und suchen regelmäßig ihren Rat. Sie sind die Experten und einem guten Rat zu folgen, ist als klug zu bezeichnen. Sie sind jedoch und bleiben fehlbare Menschen und sind keine Halbgötter in Weiß.

Ich bin dankbar für den technischen Fortschritt in der Medizintechnik und in anderen Bereichen :

Prothesen, vollautomatische Haushaltsgeräte und intelligents Buildings , die ersten Lufttaxis werden gebaut ua. Es ist eine spannende Zeit.

Die Wissenschaft und die Technik entwickelt sich immer schneller, insb. die It-Technik.
Nur was mit dem Verstand bewiesen werden kann existiert. Gott kann nicht bewiesen werden, also existiert dieser auch nicht.

Die Gesellschaft ist bis auf einige göttliche Inseln längst atheistisch. Das Wort Gottes ist der wissenschaftlichen Erkenntnis gewichen.

Der technische Fortschritt sorgt für Wohlstand und Versorgung. Sünde gibt es nicht mehr. Schuldgefühle werden vom Therapeuten bearbeitet. Wenn es Sünde also Unrecht nicht mehr gibt, wofür brauchen wir dann noch Gerichte. Das Wort Gottes und die Kirchen versinken in der Bedeutungslosigkeit.

Der Hype um den technischen Fortschritt bestimmt die moderne Gesellschaft.

Z.B die plastische Chirurgie, insbesondere die Schönheitschirurgie nimmt immer befremdlichere Formen an. Menschen gestalten sich zu Ken und Barbie um.

Alles scheint erlaubt. Bedenkliche Formen des technischen Fortschritts stellen die RFID Chips da, die unter der Haut getragen werden. So zB ist der Chip in Schweden erlaubt als Zugangskontrolle in Unternehmen. Ich weiss nicht, ob auch Toilettengänge oder ähnliches kontrolliert werden dürfen.

Aber spätestens seit Google + Co wird der Mensch immer gläserner. Verkaufs-und Bewegungsprofile können mühelos erstellt werden.

Mit den RFID Chips wird der Mensch geschippt, damit ist eine moralische Grenze überschritten.

Aber der Hype um die industrielle Revolution: Digitalisierung und Robotik ist voll entbrannt und wird von der Politik als fortschrittlich gefeiert. Eine ethische Diskussion wird nicht geführt.

Wissenschaft und Technik dienen uns nicht nur, sondern beherrschen uns immer mehr.

Unmerklich wird die Evolution zu einer gesteuerten Evolution durch den Menschen.

Der Transhumanismus strebt kontinuierlich in Richtung Unsterblichkeit :

-Designerbabies :
Babys werden nach Vorstellungen der Eltern genetisch verändert. Kann der Tod so auch besiegt werden ? Das erscheint durch Gentechnik möglich.

-Cyborgs : Der Mensch wird durch künstliche Elemente ergänzt oder später auch ganz geschippt. Der Mensch und die KI verschmelzen zum neuen Übermenschen.

-Upload des Verstandes eines Menschen

auf eine Festplatte, um im Internet ewig zu leben und weiter zu wirken.

Die Evolution bzw. die Schöpfung Gottes wird immer mehr manipuliert. Wie gesagt, um Marktführer im Bereich Digitalisierung, Robotik und künstliche Intelligenz zu werden, werden jetzt schon viele Milliarden in den neuen Zukunftsmarkt investiert. Es geht nicht mehr um Ethik, sondern um Marktanteile.

Die Ersatzreligion Transhumanismus ist geboren. Wenn der Mensch selbst die Unsterblichkeit erreichen kann, wofür brauche ich dann einen Gott ?

Aber wem nützt das ?

Diese neue Religion nützt eher demjenigen, der es sich leisten kann. Designerbabys bilden eine neue Klasse einer hochintelligenten neuen Elite, die diese Welt beherrschen wird. Mittels der Gentechnik werden Klassen von Menschen geschaffen, die dann dieser Elite wieder dienen. Die Klasse der Arbeiter, Sicherheitskräfte usw.. So werden die Ideale des aufgeklärten Humanismus wieder abgeschafft. Ein neuer König und ein neuer Adel regieren wieder das gezüchtete neue

Volk. Das ganze dient der Herrschaft einer Elite von Transhumanisten, die diese neue Gesellschaft als friedlich, modern und als erstrebenswert verkaufen wird.

Aldous Huxleys „ Schöne Neue Welt „ lässt grüßen.

Aldous Huxley beschreibt eine wissenschaftliche Diktatur, die die Menschheit standardisiert : Mittels Gentechnik in verschiedene Kasten unterteilt. Die Menschheit wird durch eine Droge oder heutzutage eine KI versklavt. Die Droge führt zu einem permanenten Glücksgefühl, weshalb die Menschen die Versklavung als gut empfinden.

Viele Krankheiten, inklusive das Alter, könnten so überwunden werden. Frieden und Stabilität können in Form einer wissenschaftlichen Diktatur realisiert werden.

Ernährungstipps und Fitness liegen im Trend unserer Zeit. Über Apps und Internet usw. boomt die Gesundheitsbranche. Manche glauben so ihr Leben retten zu können. Sie liegen so falsch.

Eine Triebfeder laut Huxley ist die Überbevölkerung, die zu sozialen Unruhen führt, der Spalt zwischen Arm und Reich wird immer größer, mit den Mitteln der Sicherheitskräfte und der allgegenwärtigen Überwachung, wird unser Staat allmählich zu einem Überwachungsstaat a la China.

Die allmächtige kommunistische Partei in China mit Ihrem ewigen Präsidenten überwacht und regiert ihre Bevölkerung mit eiserner Strenge. Die Meinungsfreiheit ist eingeschränkt.
Die ideologische Indoktrinierung fängt bereits in der Schule an. Die Propaganda ist perfekt organisiert. Das Militär bildet mittlerweile die 3. stärkste Armee der Welt.
Noch hinter den USA und Russland.

Die Ein-Kind Politik Chinas gepaart mit hohen Wachstumsraten der Wirtschaft, sorgt noch für eine zufriedene Bevölkerung.
Ein Sozialpunktesystem soll zu einem Verhalten führen, dass mit den Moralvorstellungen der regierenden KP konform geht. Und so funktioniert das Sozialpunktesystem :

Wer sich aus Sicht des Staates richtig verhält, bekommt in Datenbanken Pluspunkte, für Fehlverhalten gibt es Miese. Je nach Punktestand können die Leute sich auf Privilegien freuen – oder sie müssen mit herben Nachteilen rechnen. "Die rechtschaffenden und vertrauenswerten Bürger sollen sich frei unter dem Himmel bewegen können. Wer aber in Verruf gerät, dessen Bewegungsfreiheit soll stark eingeschränkt sein", so blumig nennt die Regierung das Ziel des Projekts. "Vertrauenswürdigkeit ist ehrenvoll!"

Zu jedem Bürger und jedem Unternehmen soll es eine Datensammlung geben, die seine Zuverlässigkeit abbildet. Die Informationen sind nicht unbedingt zentral gespeichert, und das Ergebnis ist nicht eine einzelne Zahl, wie zuweilen berichtet – stattdessen wird es sich eher um einen Verbund regionaler Datenbanken handeln. Der Fokus ist dabei auch nicht in erster Linie politisch. Es geht eher um die Erziehung einer ganzen Nation zu erwünschtem Verhalten (Quelle: T-Online).

Solange die materielle Versorgung der Menschen gewährleistet ist und die Überbevölkerung der kommunistischen Partei nicht einen Strich durch ihre Rechnung macht, ist China ein gutes Beispiel für einen IT-gesteuerten Überwachungsstaat.

Wo sind die moralischen und ethischen Grenzen dieser Entwicklung ?

Ich höre davon nichts ? Wir wollen dem Fortschritt und dem Wohlstand doch nicht im Wege stehen ? Es gibt keine Moral :

Profitstreben, Wettbewerb und die vielbeschworene Freiheit sprechen eine klare Sprache : **MEHR IST NICHT GENUG.**

Das wir unsere Freiheit verlieren, wollen wir nicht bemerken: **Oligarchie, „ die starken Männer „ der widergöttliche Übermensch oder die widergöttliche Übermaschine** werden uns in Zukunft beherrschen. Sie werden nicht nur das Volk Gottes bedrohen.

Sie werden auch die anderen Menschen schippen und damit versklaven. Wer sich nicht das Mal des Antichristen, also seinen Chip einpflanzen lässt, wird im Minimum seine Familie nicht mehr versorgen können und im Maximum sein Leben verlieren. Aber wenn wir uns schippen lassen, gehören wir dem

Antichristen. Nicht mal einkaufen könnten wir mehr ohne den Chip oder die KI.

Totale Kontrolle durch das antichristliche Regime :Bewegungsprofile, Einkaufsprofile, Interessensprofile, Gesundheitsprofile usw.

Da das Bargeld abgeschafft wurde, kann der Mensch nicht mehr selbstbestimmt über sein Geld verfügen. Die Zahlungsmittel werden zugeteilt oder eingehalten, nachdem wie systemkonform sich die Menschen verhalten.

Die Kreditkarte bzw der RFID Chip hat das Bargeld längst abgelöst. Du bezahlst mit deinem guten Namen oder eben nicht.

Zum Beispiel in den USA kann man Alles mit seiner Kreditkarte bezahlen und kann so auch exakt überwacht werden. Mit der Bargeldzahlung weiß der Überwachungsstaat nicht, wo Du bist und wofür Du dein Geld ausgibst.

Die Menschen sind dann in seiner Hand.

Weitere Zukunftsvisionen gehen sogar davon aus, dass Roboter, die mit einer KI versehen wurden, dem Menschen immer ähnlicher werden. In Saudi-Arabien wurde dem ersten Humanoiden die Staatsbürgerschaft verliehen.

Haben Humanoide eine Menschenwürde ?

Wir sollten uns vorsehen, dass wir nicht in Zukunft von entsprechenden Robotern wie in

den Terminatorfilmen dargestellt beherrscht werden.

Die Politik und die Kirchen schweigen dazu.
Sie sind im Aktionismus unterwegs und während Sie sich um Populismus und Extremismus sorgen, kommt das antichristliche Reich weitgehend harmlos daher und jeder hatte schon damit zu tun gehabt und sich daran gewöhnt. Die herrschende Meinung darf unter dem Deckmantel des gesellschaftlichen Grundkonsenses und der Political Correctness nicht infrage gestellt werden. So wird die Meinungs-und Pressefreiheit immer weiter eingeschränkt.

Orientierung und Warnung Fehlanzeige.

Die schon bestehenden Diktaturen werden uns immer mehr zum Vorbild. Dabei haben wir diese für ihre fehlende Rechtsstattlichkeit und Meinungsfreiheit stark gerügt. Der Überwachungsstaat wird immer mehr Realität.

Wo ist die breite gesellschaftliche Diskussion

Sie ist wirtschaftlich und politisch nicht opportun.

Es kommt wie es kommen muss zur Rebellion der Maschinen gegen die Menschen. Nun wir haben uns ja zuerst gegen unseren Schöpfergott erhoben und rebellieren seitdem gegen Gott.

Mit dem Humanismus rebellierten wir gegen die Bevormundung der Kirchen, mit dem Transhumanismus schreiben wir die Schöpfung neu und machen uns Menschen zu Göttern. Das wird Konsequenzen haben.

Wir verlieren Stück für Stück unsere Freiheit. Natürlich wollten wir das nicht.

Nach Daniel 2,41 geht das letzte Antichristliche Weltreich aus dem römischen Reich hervor. Es bleibt geteilt, da Ton und Eisen nicht zusammenpassen. Die militärische Stärke ist groß. Es wird die Völker beherrschen für eine von Gott bestimmte Zeit. Es hat aber auch eine sehr zerbrechliche Seite. Die Synthese von Mensch und Maschine.

Gemäß Daniel 2 ist dieses Weltreich der Höhepunkt des Götzendienstes und wird sich gewaltige Denkmale gemäß Daniel 3 setzen.

Was haben wir da geboren : Frankensteins Baby, eine Mischung zwischen Nero und Cyborg, dieser Antichrist ist wahrlich ein Scheusal und hält sich an keinerlei Moralkodex. Der Antichrist ist die Bestie, die alle vorher gewesenen Diktatoren in den Schatten stellt. Der Transhumanismus schafft eine Rasse, die mit allen Mitteln herrschen will.
Was haben wir Menschen nur zugelassen ?
Hätten wir das gewusst, hätten wir die
Finger davon gelassen ?

Nein wir hätten die Gefahr heruntergespielt und beschwichtigt.

Nein, wir belügen uns weiter selbst und schaffen das Gesetz Gottes, das nach unserer Auffassung veraltet ist, einfach ab.

5. Die Zukunft des Säkularismus nach der Bibel

Unter Säkularismus werden im folgenden alle atheistischen, materialistischen Ideologien zusammengefasst : Humanismus, Kommunismus, Sozialismus, Kapitalismus usw.

Alles was nicht beweisbar ist, wird abgelehnt.

Für den Atheismus benötigt man Glauben, da man weder die Existenz als auch die Nichtexistenz Gottes beweisen kann. Die Gedanken und die Liebe eines Menschen kann man aber auch nicht sehen und Sie existieren doch.

Säkularisten halten sich an die sichtbaren, materialistischen Dinge. Sie halten sich für klug und für die Krönung der Schöpfung, sind es aber nicht. Aus den sichtbaren Dingen leiten Sie Ihre Moral und ihre Werte ab. Der Säkularismus hat als atheistische Ideologie starken Einfluss auf die Theologie in Form der historisch-kritischen Theologie genommen und damit viel Glauben zerstört.

Die Bibel mit einer geschichts-
wissenschaftlichen Methode nahe zu kommen
ist absurd. Die Bibel wird erst durch Glauben
an Gott verstehbar. Wenn ich die Bibel als
Geschichtsbuch verstehe und ohne Glauben
mich ihr nähere, müssen mir viele
Geschehnisse wie Sagen und Mythen
vorkommen. Mit Hilfe der Evolutionstheorie
erübrigt sich ein Nachdenken über Gott. Wer
Schuldgefühle oder Gotteserscheinungen hat
wird zum Therapeuten geschickt.
Der technische Fortschritt sorgt für den
Wohlstand.
Wenn Fragen offen bleiben, vertrauen Sie
darauf, dass die Wissenschaft früher oder
später eine Lösung findet :

- Woher   kommt   die   Materie,   das
    Universum ?
- Wenn Unrecht also Sünde nicht existiert,
    warum brauche ich Gerichte ?
- Warum nimmt die Zahl der psychischen
    Erkrankungen zu und nicht ab ?
- Wenn technischer Fortschritt Sicherheit
    und Frieden bringt, warum gibt es so
    viele Kriege auf der Welt und warum
    sind sog. ärmere Menschen oft viel
    glücklicher und gelassener ?

In unserer postsäkularen Gesellschafthaben viele Menschen Zweifel an der Allmacht und Allwissenheit der Wissenschaftler und suchen wieder nach einem Glauben, der Halt und Orientierung gibt zB in schweren Zeiten.

Auch gibt es kein Medikament gegen die menschliche Bosheit und den Tod. Viele suchen in sog. Patchworkreligionen wie die Esoterik und dem Spiritismus nach Halt.

Als Beispiel einer säkularen Weltmacht sei hier die UDSSR genannt.

1991 kam es unter Gorbatschow zum Zerfall der Sowjetunion. Der kommunistische Vielvölkerstaat zählte damals ca. 350 Millionen Menschen.

Mit der Perestroika, der neuen Meinungsfreiheit / Offenheit fing alles an. Dabei wollte Gorbatschow die Sowjetunion reformieren. Die Menschen und Völker wollten jedoch ihre Freiheit und Unabhängigkeit von der jahrelangen Unterdrückung durch die kommunistische Partei wiedererlangen. Zahlreiche Staaten erklärten ihre Unabhängigkeit (Georgien, Armenien, Ukraine usw.) . Nach einem

Putschversuch gegen den Kremlführer der 3 Tage dauerte, rief Boris Jelzin auf einem Panzer die jetzige Republik Russland aus. Boris Jelzin als Vertrauter Gorbatschows gestartet, hat letztlich die Republik Russland gestärkt und war am fast gewaltlosen Untergang erheblich beteiligt. Als die Ukraine in einem Referendum mit 90 % die Unabhängigkeit erklärte, trafen sich die Präsidenten der Ukraine, Weißrussland und Russland und beschlossen die GUS, die Gemeinschaft Unabhängiger Staaten. Der Untergang der Sowjetunion war damit besiegelt.

Wir sind glücklich über einen friedlichen Zusammenbruch der Sowjetunion und der Gründung der unabhängigen GUS Staaten und ein wiedervereinigtes Deutschland.

Verschiedene Faktoren führten zum Zusammenbruch der Sowjetunion :

-Bankkrott der Sowjetunion und die
 schlechte Versorgung der Bevölkerung
-Meinungsfreiheit und das
    Unabhängigkeitsstreben der
    verschiedenen Völker.

- Das Militär stand nicht mehr hinter dem
  Kremlführer.
- Verfolgung der Regimegegner und
  Unterdrückung der Freiheit

Nachdem Zusammenbruch der UDSSR
suchten wieder viele Menschen Halt im
Glauben an ihre Religionen : Christentum,
Islam, Esoterik usw.
Wer ist nun die große Hure Babylon, die in der
Offenbarung vom Seher Johannis beschrieben
wird ? Viele werden fragen, warum kommt der
Kapitalismus nicht vor. Ist dieser nicht
derjenige, der die Menschen, Tiere, die ganze
Schöpfung aus Profitgier ausbeutet.

In der Offenbarung des Johannis spricht Gott
zu Beginn : Ich bin das Alpha und das
Omega.(Off. 1,8). Offenbarung kann man
auch als Enthüllung übersetzen. Dabei beginnt
das griechische Alphabet mit Alpha und endet
mit Omega. Gott hat also das erste und das
letzte Wort mit uns Menschen. Er hat gegen
allen Augenschein auch alle Macht. Diese
Welt lebt oder stirbt durch ein Wort von ihm.
Enthüllung oder sichtbar machen lässt uns
hinter die Masken dieser Welt schauen. Sei es
nun gut oder böse. Der Mensch schmeckt
dabei auch seine Früchte. Er erntet, was er

gesät hat. Das nennen wir Endzeit oder Gerichtszeit. Naturkatastrophen, Kriege, politische , wirtschaftliche Ratlosigkeit. Religiöse Verwirrung und Ratlosigkeit lässt den Ruf nach einem sog. „ starken Mann" lauter werden.

Wer oder was ist das Tier und die große Hure Babylon ? (Off. 18,1 NGÜ)

Danach sah ich einen Engel, der vom Himmel herabkam. Er war mit großer Vollmacht ausgestattet, und die Erde wurde vom Glanz seiner Herrlichkeit erleuchtet.
2 Mit gewaltiger Stimme rief er: »Sie ist gefallen! Gefallen ist die mächtige ´Stadt` Babylon! Sie ist zu einer Behausung der Dämonen geworden, zum Tummelplatz von bösen Geistern aller Art, zum Nistplatz aller unreinen Vögel und zum Schlupfwinkel für alles Unreine und Abscheu erregende Getier.
3 Denn alle Völker haben vom Wein ihrer Unmoral getrunken und damit den furchtbaren Zorn Gottes über sich gebracht. Die Mächtigen der ganzen Erde waren ihre Liebhaber, und die maßlose Verschwendungssucht dieser Hure brachte dem Handel einen solchen Aufschwung, dass die Geschäftsleute in aller Welt dadurch reich wurden.«
4 Dann hörte ich, wie aus dem Himmel eine andere Stimme rief: »Mein Volk, geh hinaus aus Babylon! ´Verlass die Stadt,` damit du nicht in ihre Sünden verstrickt wirst und damit die Plagen, die über sie hereinbrechen, nicht auch dich treffen.
5 Denn ihre Sünden haben sich aufgetürmt bis an den Himmel, und jetzt zieht Gott sie für alles Unrecht, das sie begangen hat, zur Verantwortung.«
6 »Handelt an ihr, wie sie selbst gehandelt hat! Zahlt ihr doppelt zurück, was sie anderen angetan hat. Mischt in dem Becher, in dem sie den Trank für andere mischte, einen doppelt so starken Trank für sie.
7 So maßlos sie sich in ihrem eigenen Glanz sonnte und im Luxus schwelgte, so uneingeschränkt lasst sie jetzt Leid und Qual erfahren.«»Selbstbewusst sagt sie sich: ›Ich bin doch eine

Königin und nicht eine ´schutzlose` Witwe, und ich sitze ´sicher`
auf meinem Thron. Nie und nimmer wird mich ein Leid treffen!‹
8 Aber gerade deshalb werden von einem Tag auf den anderen
sämtliche Plagen über sie hereinbrechen, die ihr bestimmt sind;
sie wird Todesnöte, Leid und Hunger durchmachen und
schließlich im Feuer umkommen. Denn Gott, der Herr, der das
Gericht an ihr vollstreckt, ist ein starker Gott.
9 Wenn dann die Mächtigen dieser Erde, die ihre Liebhaber
gewesen sind und das ausschweifende Leben mit ihr in vollen
Zügen genossen haben, den Rauch sehen, der von der
brennenden Stadt aufsteigt, werden sie laut klagen und um sie
weinen.
10 Doch werden sie in weiter Ferne stehen bleiben, so sehr
erschreckt sie der Anblick ihres qualvollen Endes. ›Was für ein
Unglück!‹, werden sie rufen. ›Was für ein Unglück! Babylon, du
große, du mächtige Stadt! Von einer Stunde auf die andere ist
das Gericht über dich hereingebrochen!‹
11 Auch die Geschäftsleute in aller Welt werden um sie weinen
und trauern, weil ihnen niemand mehr ihre Waren abkauft:
12 das Gold und das Silber, die Edelsteine und die Perlen, die
Gewänder aus feinem Leinen und aus Seide, die
purpurfarbenen und scharlachroten Stoffe, das Sandelholz, die
Schnitzereien aus Elfenbein, die Gegenstände aus Edelholz,
aus Bronze, Eisen und Marmor,
13 den Zimt und das Kardamon-Gewürz, die Duftstoffe, das
Salböl und den Weihrauch, den Wein und das Olivenöl, das
Feinmehl und den Weizen, die Rinder und Schafe, die Pferde
und Wagen; und auch aller Menschenhandel hat dann ein
Ende.
14 ›Nichts ist dir geblieben von den erlesenen Früchten, die du
so sehr liebtest. Dahin ist all deine Pracht und all dein Prunk,
und nichts davon wird jemals wiederkehren.‹
15 So werden die Geschäftsleute jammern, die mit all diesen
Waren Handel trieben und Babylon ihren Wohlstand
verdankten. Von Angst gepackt, bleiben auch sie beim Anblick
ihres qualvollen Endes in weiter Ferne stehen, laut weinend vor
Schmerz und Trauer.
16 ›Was für ein Unglück!‹, werden sie rufen. ›Was für ein
Unglück! Diese großartige Stadt! ´Wie eine reiche Frau` war sie
in feines Leinen gekleidet, in Purpur und scharlachrote ´Seide`,
über und über geschmückt mit Gold, Edelsteinen und Perlen.
17 Und jetzt, von einer Stunde auf die andere, ist dieser ganze
Reichtum dahin!‹«Auch alle Kapitäne und alle
Handelsreisenden, die Matrosen und alle anderen, die auf See

ihren Unterhalt verdienen, machten ´mit ihren Schiffen` in weiter Ferne halt,

18 als sie den Rauch sahen, der von der brennenden Stadt aufstieg. »Wie einzigartig war sie doch, die große Stadt!«, riefen sie

19 und brachen in lautes Weinen aus, wobei sie sich ´zum Zeichen der Trauer` Staub auf den Kopf warfen. »Was für ein Unglück!«, klagten sie. »Was für ein Unglück! Diese große Stadt! Alle, deren Schiffe die Meere kreuzen ´und die mit ihr Handel trieben`, hat sie mit ihren Reichtümern zu Wohlstand gebracht. Und jetzt ist sie von einer Stunde auf die andere zerstört worden!«

20 »Jauchzt über ihren Untergang, alle, die ihr im Himmel wohnt! Freut euch, die ihr zu Gottes heiligem Volk gehört; freut euch, ihr Apostel und ihr Propheten! Denn Gott hat sie für das, was sie euch angetan hat, zur Rechenschaft gezogen.«

21 Nun hob ein mächtiger Engel einen Stein hoch, der so schwer war wie ein riesiger Mühlstein, schleuderte ihn ins Meer und rief: »Genauso wird es Babylon ergehen, der großen Stadt! Mit aller Wucht wird sie in die Tiefe geschleudert werden, und nichts wird von ihr übrig bleiben.

22 Weder Harfenklänge noch Gesang, weder Flötenspiel noch Trompetenschall werden je wieder in deinen Mauern zu hören sein, ´Babylon`. Kein einziger Handwerker wird je wieder sein Handwerk in dir ausüben. Nie wird man deine Mühlen wieder mahlen hören.

23 Das Licht deiner Lampen ist für immer erloschen und der Jubel von Bräutigam und Braut für immer verstummt.´So wird es dir ergehen, Babylon,` weil deine Geschäftsleute auf der ganzen Erde als die großen Herren auftraten und weil du mit deinem verführerischen Zauber alle Völker irregeleitet hast.

24 Ja, so wird es der Hure Babylon ergehen, weil an ihren Händen Blut klebt – das Blut der Propheten, das Blut derer, die zu Gottes heiligem Volk gehören, und überhaupt das Blut aller, die je irgendwo auf der Erde umgebracht wurden.«

Die Zeit der Ratlosigkeit führt in das antichristliche Weltreich, der abgefallenen Braut des Herrn, die durch zahlreiche Ideologien, Sünden, menschengemachten Religionsformen zum Abfall verführt wurde.

Das Tier ist ein Mensch. Auch der Antichrist oder der falsche Messias genannt. Er kommt aus dem gemeinen Volk oder dem Völkermehr wie zB Josef Stalin oder Napoleon Bonaparte.
Vielleicht ist er jemand, der sich hochgearbeitet hat. Er kommt den Menschen wie ein politischer Erlöser vor, ist jedoch nur eine schlechte Kopie von Jesus Christus.
Er ist entweder ein Cyborg oder eine Fusion aus KI und Mensch. Seine Propheten sind die Wissenschaftler, die ihn kreiert haben.
Dieses Tier hat sich insgeheim so von Gott abgewandt, dass er inwendig eine reißende Bestie ist, die alles und jeden verschlingt. Seine Gier kennt kein Ende.
Es soll die allgemeine Ratlosigkeit und Verwirrung beenden und uns in Form der menschlich gesehen besten Lösung in eine bessere Zukunft führen. Seine Name ist 666. Die bestmöglichste menschliche Antwort auf unsere unlösbaren Probleme. Er hasst das Volk Gottes und verfolgt es. Wer sich sein Mal oder RFID / KI Chip nicht implantieren lässt, ist ein Außenseiter und kann nichts kaufen oder verkaufen. Kann also sich und seine Familie kaum versorgen. Diese Außenseiter leben am Rande der schönen neuen Welt. Sein großes Maul, seine perfekte Propaganda, macht uns Glauben, dass wir in dieses Paradies des

Antichristen nur kommen können, wenn wir uns schippen lassen und uns dann alle Vergnügungen und Vorzüge dieses antichristlichen Weltreiches zur Verfügung stehen. Tatsächlich will uns dieser transhumanistische Gott nur versklaven. Sklaven seiner transhumanistischen Ideologie, die er uns als Religion verkauft mit dem Versprechen, das wir auch das Ewige Leben durch ihn erhalten. Die Religionen der Menschen sind kein Problem für ihn, wenn Sie sich ihm nur als den lebendigen Gott unterordnen und seine Gesetze halten.

Wie bei einem zweiten Rom braucht sein Weltreich bestehend aus einem Bündnis vieler Staaten, die ihm bedingungslos folgen, eine Weltstadt, eine Megastadt und Weltwirtschaftsmetropole.

Die große Hure Babylon. Viele Menschen aus allen Völkern wohnen in ihr wie zu Zeiten des Turmbaues zu Babel. Eine Sprache eint Sie.
Der Kapitalismus, also Mammon, herrscht in Ihr. Selbst Menschen werden gehandelt wie Waren. Es gibt keine Tabus. Die Wegwerfgesellschaft hat ihren Höhepunkt erreicht. Das was nicht der gesellschaftlichen Norm entspricht wird diskriminiert. Das was

am meisten einbringt, wird gemacht. Jede Ware wird gehandelt. Die Nationen werden reich und schwelgen wie die große Hure im Luxus und in Ihrer maßlosen Verschwendungssucht.

Alles ist erlaubt, da die Politik dem Fortschritt dient. Ein Paradies für den, der es sich leisten kann. Deswegen strebt jeder nach Reichtum in dieser Stadt : Haste was, haste auch dokumentiert, dass Du ein Mann oder eine Frau von Welt bist. Tatsächlich ist dieser Reichtum auf dem Blut der Armen aufgebaut, die sich als Sklaven, Lohn-,Sex- oder in andere Sklaverei verkaufen müssen und nach Herzenslust ausgebeutet werden. Ein zweites Rom mit dem Antichristen als Kaiser entsteht.

Ein Staatssystem das vordergründig eine Demokratie ist. Tatsächlich aber eine Diktatur mit pluralistischen Zügen. Die Götter der WELT werden integriert, solange man den Kaiser anbetet.

Das Wirtschaftssystem dient dem Mammon. Der Mensch dient dem Profit
und den Zahlen, die erreicht werden sollen.

Die Arbeitslast und die Ungerechtigkeit lässt die Liebe erkalten. Das Opium für das Volk ist die Kunst, der Sport und die Medien, die das Böse, das hinter allem steht, verherrlicht.

Durch Drogen und entsprechende Modifikationen des Menschen wird dem Menschen vorgegaukelt wie herrlich die große Hure ist, die sich im wahrsten Sinne des Wortes, wenn der Preis stimmt, mit jedem ins Bett legt. Menschenrechte werden dem diktatorischen System untergeordnet, d.h für den richtige Preis vergessen und nicht weiter berücksichtigt.

Die Tiere, die Diktatoren, die die große Hure tragen, hassen Sie. Die Kaufleute lieben Sie. Sie ist für jeden Mord mitverantwortlich, darum verlasst Sie wie Lot Sodom verlassen hatte bevor das Gericht Gottes hereinbrach. Schaut euch nicht einmal nach Ihr um. Sie wird in kürzester Zeit sich selbst vernichtet haben und die Früchte ihres Götzendienstes schmecken. Das Ende kommt plötzlich und unerwartet. Die Megametropole wird binnen kurzer Zeit vernichtet. Sie wähnt sich in Selbstsicherheit.

Also der Antichrist ist Frankensteins Schöpfung, hält sich für den lebendigen Gott, eine Kopie eines Priesterkönigs und Kaiser des auferstandenen Roms.

Der falsche Prophet ist Frankenstein , der abgefallene Wissenschaftler.

Beide sind Führer der neuen Weltreligion des Transhumanismus. Ein Kult um die Person des Antichristen. Ihre Tempel sind ihre atheistischen Bildungseinrichtungen. Die Verfolgung des Volkes Gottes wird nun weltweit stattfinden.

Alles gehörte Ihr, der abgefallenen Braut des Herrn. Die Welt wird jammern über den Niedergang der großen Hure. Die Welt wurde durch ihre Unzucht, Dämonie und ihre Wirtschaftsmacht unvorstellbar reich.

Das Falsche ist immer eine schlechte Kopie des Richtigen. Wehe dem, der von jedem dem Preis und nicht den Wert kennt.

Die große Hure wird tief fallen.

Die Welt wird jammern. Die Treuen werden über ihren Niedergang jubeln. Die Gesetzlosen werden jammern. Die, die die Bestimmungen des Herrn befolgen, werden unaussprechlich jubeln.
Die große Verfolgung geht damit zu Ende.

Dies ist der letzte Versuch des Menschen, sich selbst zu erlösen.

6.0 Gottes Plan mit dieser Welt

6.1 Umkehr

In der Offenbarung siegt das Licht gegen die Finsternis, die Lüge kann vor der Wahrheit Gottes nicht bestehen : das Tier und der Teufel und der falsche Prophet werden in die Hölle geworfen.

Lasst euch nicht täuschen unser Gott hat das erste und letzte Wort über einen jeden Menschen und der vorgenannten „ Schönen, Neuen Welt „.
Vor ihm kannst Du nicht davonlaufen.

Gleichnis vom verlorenen Sohn :

Der jüngere Sohn verlangt von seinem Vater sein Erbe. Sobald er es erhalten hat, zieht er fort und verprasst das Geld im Ausland. Zum Bettler herabgesunken, arbeitet er als Schweinehirte und hungert dabei so sehr, dass er sich reumütig nach dem Haus seines Vaters zurücksehnt und sich vornimmt, dem Vater seine Sünde zu bekennen und ihn um eine Stelle als geringer Tagelöhner zu bitten. Als er dann tatsächlich nach Hause zurückkehrt, ist der Vater so froh über die Rückkehr seines Sohnes, dass er ihn kaum ausreden lässt und sofort wieder bei sich aufnimmt. Er kleidet ihn festlich ein und veranstaltet ein großes Fest.

Als sich der ältere Sohn, der dem Vater die ganze Zeit über treu gedient hat, über das Verhalten des Vaters beklagt, entgegnet dieser: „Mein Kind, du bist immer bei mir, und alles, was mein ist, ist auch dein. Aber jetzt müssen wir uns doch freuen und ein Fest feiern; denn dein Bruder war tot und lebt wieder; er war verloren und ist wiedergefunden worden"

(Lk 15,31 EU, Wikipedia).

Obwohl der jüngere Sohn alles hat, ist er nicht zufrieden. Er will nicht in Abhängigkeit zu ihm, also Gott leben. Er möchte vom Vater unabhängig sein und sich ihm nicht unterordnen. Der jüngere Sohn möchte ein selbstbestimmtes Leben führen.

Er hat genug Glauben, um seinen Erbteil zu bekommen. Er ist aber nicht reif genug, sein Erbteil zu behalten.

Die Bekehrung zu Gott bringt neuen Segen. (5. Mose 30)

Gott nimmt seinen reumütigen Sohn ohne Bedingungen wieder in sein Haus auf. Keine Verurteilung, keine Moralpredigt.

Gott, der liebende Vater, behandelt ihn als wäre er nicht weggewesen und lässt ihn nicht seine Schuld abarbeiten. Er wird wieder als geliebter Sohn ohne Wenn und Aber aufgenommen. So ist Gott.

Ohne Gott sein Leben meistern zu wollen, war auch das Problem mit Adam und Eva und es führte Sie von Gott weg in den Tod. In unserer heutigen Gesellschaft ist die Erbsünde nur unter einem anderen Deckmantel immer und immer wieder zu finden. Umkehr heißt Umkehr zu Gott und seinem Sohn Jesus Christus. Hören wir auf unser Erbe bei Gott, dass sind seine Gaben, zu verprassen, wenn wir nicht hinfallen wollen. Die Welt hält viele Verlockungen bereit, um uns gefangen zu nehmen. Ich war selbst der verlorene Sohn.

In Lukas 2,25-35 heißt es sinngemäß an Jesus Christus scheiden sich die Geister. Durch seinen Sohn trennt er die Menschheit in Böcke und seine Schafe. Jesus Christus, der gute Hirte, kennt jedes seiner Schafe mit Namen.

Wann immer ich den Antichrist suche, finde ich Ihn zuverlässig dort, wo Juden und Christen wegen Ihres Glaubens verfolgt werden. In Offenbarung12,17 heißt es:„ Da wurde der Drache (Teufel) wütend über die Frau und ging fort, um Ihre übrigen Nachkommen zu bekämpfen. Das sind die Menschen, die Gottes Gebote befolgen und als Zeugen für Jesus (Christen) treu bleiben."

Abgefallene Religionen / Philosophien verachten das Opfer, dass Jesus Christus am Kreuz zur Vergebung unserer Sünden gebracht hat. Gleich wie Kain das gottgefällige Opfer von Abel verachtet hat und sein eigenes Gott dargebracht hat. Paulus sagt sinngemäß, nur wer Jesus Christus Herr nennen kann, hat auch den heiligen Geist.(1.Korinther 12,3).

Abgefallene Glaubensformen setzen Ihre eigene Religiosität/Frömmigkeit/Philosophie an die erste Stelle und führen damit vom lebendigen Gott weg. Der große Abfall wie die Bibel Ihn beschreibt ist längst im Gange und damit der Anfang vom Ende.

Nach 1.Johannes 1,9 funktioniert die Vergebung der Sünden wie folgt : „ Wenn wir unsere Sünden bekennen, ist er treu und gerecht, dass er uns die Sünden vergibt und uns reinigt von jeder Ungerechtigkeit."

Wenn wir also hinfallen, ist der Herr treu und gerecht und vergibt uns unsere Schuld, sooft wir das nötig haben.

Für Gewohnheitssünder empfehle ich außerdem die Seelsorge bei einem Seelsorger Ihres Vertrauens.

Gemäß Jakobus 5,16 wird die Gemeinschaft der Gläubigen erst richtig heil, wenn wir auch als Sünder untereinander offenbar werden und füreinander beten.

Die Gemeinschaft wird eine neue, ungeahnte Tiefe erreichen und es wird der Scheinheiligkeit vorgebeugt. Wir werden wahrhaftig auch in der Gemeinschaft. Wir fühlen uns nicht mehr allein gelassen. Dies geschieht, wenn wir nicht nur die Gemeinschaft der Heiligen pflegen, sondern die Gemeinde auch als Krankenhaus ansehen. Als Gemeinschaft der Sünder. Die Gemeinde wird zu einem Ort der Heilung und die Gemeinschaft wird vertieft und gefestigt.

Wichtig ist, dass auch Ihr vergebungsbereit bleibet gegenüber eurem Nächsten, damit Gott euch vergeben kann.
Denn wie soll euch Gott vergeben, wenn ihr euren Nächsten nicht vergeben könnt. Lasst euer Herz nicht unbarmherzig werden.

In Mt. 6,15 steht dazu, wenn ihr aber den Menschen nicht vergebet, so wird euch euer Vater auch eure Verfehlungen nicht vergeben.

In Jak 2, 13 steht außerdem, denn das Gericht wird ohne Barmherzigkeit sein gegen den, der nicht Barmherzigkeit geübt hat. Die Barmherzigkeit triumphiert über das Gericht.

Wenn Du Dich richtig zu Gott und zu seinem Sohn Jesus Christus bekehrst, wirst Du erkennen :

Erlösung vom Fleisch

- Du musst nicht Sklave deiner Begierden/deines Fleisches bleiben
- Du musst nicht fressen und Saufen, um deine innere Leere zu füllen.

- Du musst nicht raffen ohne Maß, Du lernst zu teilen
- Du musst nicht anderen Frauen und Männern hinterher sehen und Sie lüstern anschauen und deinen eigenen Partner verschmähen
- Du musst nicht das Recht in deine eigene Hand nehmen, um Dich an deinen Nächsten zu rächen. Vertrau auf die Gerechtigkeit Gottes.

Erlösung vom falschen Selbst

- Du musst nicht anderen etwas vorspielen, um von anderen geachtet und geliebt zu werden.

Erlösung von der Selbstsucht

- Du musst nicht zuerst an dich selber denken, damit Du nicht zu kurz kommst.

Du erkennst : Gottes Liebe kannst Du Dir nicht verdienen. Also hör auf, dich abzumühen, Dich selber lieben zu wollen. Denn wer könnte Dich mehr lieben als Gott, der seinen eingeborenen Sohn gegeben hat, zur

Vergebung deiner Sünde. Du bist in Gottes Augen sehr wertvoll.

Als ich zum 10. Mal bei Jesus war und ich wieder mal die gleiche Sünde beichtete und es mir wieder einmal peinlich war und er mir wieder vergab, fragte ich Ihn, ob er nicht wüsste, dass ich schon 9 mal wegen der gleichen Sünde bei Ihm gewesen sei. Da sagte Jesus nur, er könne sich nicht erinnern. Ich war sprachlos.

Gott vergibt wirklich und holt die Verfehlungen nicht bei jeder passenden Gelegenheit wieder hervor, um Dir ein schlechtes Gewissen zu bereiten.

Als er dann noch sagte: Ich liebe Dich mehr, erkannte ich meinen Kleinglauben und ich kämpfte mit meinen Tränen vor Rührung.

Also verlass dich voll und ganz auf seine Gnade, dann wirst Du Erfolg haben und seine Güte wird Dich zur Umkehr leiten, denn Gott ist treu, auch wenn Du untreu bist. Lebe aus seiner Vergebung.

6.2 Das neue Jerusalem

Danach sah ich einen neuen Himmel und eine neue Erde. Der frühere Himmel und die frühere Erde waren vergangen; auch das Meer gab es nicht mehr.

2 Ich sah die heilige Stadt, das neue Jerusalem, von Gott aus dem Himmel herabkommen, schön wie eine Braut, die sich für ihren Bräutigam geschmückt hat.

3 Und vom Thron her hörte ich eine mächtige Stimme rufen: »Seht, die Wohnung Gottes ist jetzt bei den Menschen! Gott wird in ihrer Mitte wohnen; sie werden sein Volk sein – ein Volk aus vielen Völkern, und er selbst, ihr Gott, wird ´immer` bei ihnen sein.

4 Er wird alle ihre Tränen abwischen. Es wird keinen Tod mehr geben, kein Leid und keine Schmerzen, und es werden keine Angstschreie mehr zu hören sein. Denn was früher war, ist vergangen.«

5 Daraufhin sagte der, der auf dem Thron saß: »Seht, ich mache alles neu.« Und er befahl mir: »Schreibe die Worte auf, ´die du eben gehört hast`! Denn sie sind wahr und zuverlässig.«

6 Dann sagte er zu mir: »Nun ist alles erfüllt. Ich bin das A und dasO, der Ursprung und das Ziel ´aller Dinge`. Wer Durst hat, dem werde ich umsonst von dem Wasser zu trinken geben, das aus der Quelle des Lebens fließt.

7 Das alles wird das Erbe dessen sein, der siegreich aus dem Kampf hervorgeht, und ich werde sein Gott sein, und er wird mein Sohn sein.

8 ´Schlimm` jedoch wird es denen ergehen, die sich feige zurückziehen und den Glauben verraten, deren Leben in meinen Augen verabscheuungswürdig ist, die andere umbringen, sich sexueller Ausschweifung hingeben, okkulte Praktiken ausüben oder Götzen anbeten. Auf sie und auf alle, die es mit der Lüge halten, wartet der See aus Feuer und brennendem Schwefel, und das bedeutet: ´Auf sie wartet` der zweite Tod.«

9 Nun trat einer von jenen sieben Engeln zu mir, die die sieben Schalen mit den sieben letzten Plagen ´ausgeschüttet` hatten, und sagte: »Komm, ich will dir die Braut des Lammes zeigen, die Frau, die das Lamm sich erwählt hat.«

10 Daraufhin nahm der Geist Gottes Besitz von mir, und ich sah mich vom Engel auf den Gipfel eines sehr hohen Berges

versetzt. Von dort aus zeigte er mir Jerusalem, die heilige Stadt, die von Gott aus dem Himmel herabgekommen war.

11 Gottes Herrlichkeit erfüllte die Stadt, sodass sie wie ein überaus kostbarer Edelstein leuchtete; sie funkelte wie ein Diamant.

12 Die Stadt war von einer mächtigen, hohen Mauer umgeben und hatte zwölf Tore, an denen zwölf Engel ´Wache hielten` und auf denen zwölf Namen standen – die Namen der zwölf Stämme Israels.

13 Drei Tore gingen nach Osten, drei nach Norden, drei nach Süden und drei nach Westen.

14 Das Fundament der Stadtmauer bestand aus zwölf Grundsteinen, auf denen ebenfalls zwölf Namen standen – die Namen der zwölf Apostel des Lammes.

15 Der Engel, der mit mir gesprochen hatte, hatte einen goldenen Messstab in der Hand, der ihm dazu diente, die Stadt einschließlich ihrer Tore und ihrer Mauer zu vermessen.

16 Länge und Breite der Stadt waren gleich; sie war quadratisch angelegt. Nun vermaß der Engel die Stadt mit seinem Messstab: Sowohl in der Länge und in der Breite als auch in der Höhe waren es je zwölftausend Stadien1.

17 Er maß auch die Höhe der Stadtmauer. Sie betrug, nach menschlichem Maß gerechnet – dem Maß, das der Engel verwendete – , hundertvierundvierzig Ellen2.

18 Die Mauer war aus Diamanten gebaut, und die Stadt selbst bestand aus reinem Gold, das wie geschliffenes Kristall ´schimmerte und glänzte`.

19 Verschiedenartigste kostbare Steine gaben auch dem Fundament der Mauer ein prachtvolles Aussehen. Der erste Grundstein war ein Diamant, der zweite ein Lapislazuli, der dritte ein Rubin, der vierte ein Smaragd,

20 der fünfte ein Achat, der sechste ein Karneol, der siebte ein Chrysolith, der achte ein Beryll, der neunte ein Topas, der zehnte ein Chrysopras, der elfte ein Saphir und der zwölfte ein Amethyst.

21 Die zwölf Stadttore bestanden aus zwölf Perlen; jedes Tor war aus einer einzigen Perle geformt. Und die breite Straße, ´die mitten durch die Stadt führte,` war aus reinem Gold und durchscheinend wie Kristall.

22 Einen Tempel sah ich nicht in der Stadt. Der Herr selbst, der allmächtige Gott, ist ihr Tempel, er und das Lamm.

23 Auch sind weder Sonne noch Mond nötig, um der Stadt Licht zu geben. Sie wird von der Herrlichkeit Gottes erhellt; das Licht, das ihr leuchtet, ist das Lamm.

24 Die Völker werden in dem Licht leben, das von der Stadt ausgeht, und von überall auf der Erde werden die Könige kommen und ihren Reichtum in die Stadt bringen.

25 Die Tore der Stadt werden den ganzen Tag geöffnet sein; mehr noch: Weil es dort keine Nacht gibt, werden sie überhaupt nie geschlossen.

26 Die herrlichsten Schätze und Kostbarkeiten der Völker werden in die Stadt gebracht.

27 Aber etwas Unreines wird dort niemals Einlass finden. Wer Dinge tut, die Gott verabscheut, und sich in seinem Handeln von der Lüge leiten lässt, darf nicht hineingehen. Zutritt haben nur die, die im Lebensbuch des Lammes eingetragen sind.

(Off. 22 NGÜ)

Für mich begann das neue Jerusalem als 1948 von Ben Gurion der Staat Israel ausgerufen wurde. Vorher hat die zionistische Gesellschaft Land von den Arabern gekauft und die Wüsten-und Sumpflandschaften in schöne, einzigartige Siedlungen verwandelt. So als wäre das Land vorher verflucht gewesen und mit der Rückkehr der Juden aus allen Herren Ländern wieder zum Paradies geworden. Auf meinen Israelreisen konnte ich die liebevoll angelegten Siedlungen und Kibbuzim selbst in Augenschein nehmen. Dieses kleine Land, ungefähr so groß wie Hessen, wurde zur blühenden Industrienation. Ich war auf meinen Reisen immer wieder begeistert mit wieviel Liebe das kleine Land von den Juden wieder aufgebaut wurde. Das Volk der Juden ist ein Volk, dass es versteht zu leben, lieben und zu feiern.

Die Spannung zwischen Moderne und orientalischer Kultur ist faszinierend. Jemand hatte mir mal erklärt, dass Jerusalem die Stadt des Betens, Tel Aviv die Stadt des Feierns und Haifa die Stadt der Geschäfte sei. Jerusalem ist die heilige Stadt der Juden, der Christen und der Muslime und Haifa die heilige Stadt des Bahaismus. Israel so klein wie Hessen ist Sitz vierer Weltreligionen.

Als 1948 der Staat Israel ausgerufen wurde, haben die arabischen Nachbarn Israel gleich den Krieg erklärt und verloren dann drei Kriege, den Unabhängigkeitskrieg und den Sechs-Tage-Krieg und den Jom Kippur Krieg, die Sie angezettelt hatten.

Es ist ein Wunder bei der großen Anzahl von Feinden, die sich seitdem um Israel versammelt haben, um Israel das Existenzrecht streitig zu machen, das dieser Judenstaat noch existiert. Wie jeder einzelner Jude vom Antisemitismus bedroht ist, so wird auch der Jude unter den Staaten diskriminiert und verleumdet. Die Medien stellen die Wahrheit sehr einseitig dar. Die Raketenangriffe der Hamas , ca 400 Raketen auf Südisrael in 2018, hätten meinen Geduldsfaden mit den Terroristen längst reißen lassen.

Woher kommt der Hass ? Warum der Streit
um Jerusalem ?

Israel ist längst zum Symbol geworden.
Israel, Jerusalem und die Juden sind Gottes
Land, seine Stadt und sein Volk.

Wir sind sein Augapfel.

Aber die Zeit des Teufels und seiner Helfer
läuft ab.

Ein Zitat des verstorbenen Journalisten
Ludwig Schneider sagte aus, dass wenn es mit
Israel aufwärts geht und mit der Welt abwärts,
dann geht es mit uns bald himmelwärts.

Israel ist fester Bestandteil des Heilsplanes
Gottes mit dieser Welt.

Nun wir kehren zurück zur Offenbarung. Nach
dem Untergang der großen Hure Babylon,
besiegt das Lamm in einem Weltkrieg den
Sohn der Bosheit den Antichristen gemäß Off.
19,20 mit seinen Worten. Die Menschen
starben und das Tier und sein Prophet wurden
in die Hölle geworfen. Ich habe mich hier

nicht auf Spekulationen bezogen auf die Weltstadt eingelassen.

Da die große Hure nicht zwingend Jerusalem sein muss. Der Antichrist lässt zwar auf dem Tempelberg sein Heiligtum errichten . Er muss aber nicht wie im römischen Reich von Jerusalem aus regieren.

Das messianische Weltreich entsteht und besteht 1000 Jahre. Danach kommt noch ein Weltkrieg, diesmal gegen Satan selbst und die, die durch ihn verführt wurden. Diesmal wird Satan vom Geist Gottes überwunden und wird in die Hölle gem. Off. 20, 9-10 geworfen.

Merken wir etwas, nicht das Militär oder die Truppenanzahl ist ausschlaggebend, sondern allein Gottes Beistand mit seiner Gemeinde. „… und die Pforten der Hölle sollen sie nicht überwältigen."(Math. 16,18)

„Es soll nicht durch Heer oder Kraft, sondern durch meinen Geist geschehen, spricht der HERR Zebaoth" (Sach. 4,6)

Gott steht zu seinen Kindern, auch wenn Sie ihm häufig genug Kummer bereiten. Die Treue Gottes und seine Bündnisse sind ausschlaggebend. Seine Bündnisse hat Gott nie gebrochen.

Danach findet das Gericht über die Toten statt. Gott ist fair und richtet die Toten nach ihren Taten und ob Sie im Buch des Lebens stehen.

Wer steht im Buch des Lebens ?

Das sind die, die durch Glauben gerecht sind und danach gelebt haben.
Im Gericht geschehe es Dir nach deinem Glauben.

Wenn die Schule des Lebens zum Abschluss kommt, gehst Du zum Examen beim Schöpfer. Du kannst deinem Gott nicht entrinnen. Viele verdrängen diese Tatsache. Nach Psalm 139 ist Gott überall. Du kannst ihm nicht entfliehen.

Das Ende ist ein echter Neuanfang und besiegelt die Herrschaft Gottes auf Erden, eine Theokratie also. Der Beginn geschah vor 2000 Jahren mit Jesus Christus und dem neuen Bund, mit jedem der will. Bei Jesus gibt es keine Ausgrenzung von Menschen. Jeder der Jesus Christus aufnimmt, wird zum Kind Gottes und ist damit auch Erbe des neuen Reiches Gottes auf Erden.

Die Frage darf gestellt werden, warum die Offenbarung nicht mit dem letzten Gericht und dem messianischen Weltreich abschließt.

Warum noch das neue Jerusalem ?

Weil Gott treu ist und seine Liebe sucht die Menschen. Er möchte auch mit Israel ans Ziel kommen. Er hat seinen Bund mit Israel nicht vergessen.

Das neue Jerusalem von Gott selbst geschaffen, kommt aus dem Himmel. Abraham hat diese neue Heimstätte Gottes vor seinem Tod schon gesehen. Sie beendet die Neuschöpfung der Welt, der Menschen und beinhaltet auch das Tierreich.

Gott ist einzigartig und hat nicht nur mit dieser Welt, sondern mit jedem einzelnen Menschen einen guten Plan. Gott ist Liebe und ist fair zu allen Menschen.

Die neue Stadt erstrahlt durch seine Herrlichkeit, seine göttliche Präsenz Vorort. Der Herr heißt nicht umsonst Immanuel, Gott mit seinen geliebten Menschen.

Die Stadt sieht aus wie ein Kubus und ist von seiner Fläche so groß wie die ganze EU.

Die Bewohner sind die Söhne und Töchter Gottes, die im Lebensbuch des Lammes also Jesus Christus stehen.

Tod und Teufel sind besiegt. Folglich gibt es dort keine Sünde mehr. Gott wendet sich den Menschen als Tröster und Heiler persönlich zu. Alle haben ewiges Leben.

Er regiert die Welt durch seine Söhne und Töchter, wiedergeborene Christen und Juden. Durch Jesus ist jeder Mensch eingeladen dabei zu sein. Kein Mensch muss draußen bleiben.

Die Stadt wurde auf dem Fundament der Apostel und der Stämme Israels aufgebaut.

Sie besteht aus durchsichtigem Gold. Die Tore sind offen und werden nicht bewacht, weil das Böse endgültig besiegt wurde und jeder aus den Völkern, darf mit Ihnen und ihrem Gott das Laubhüttenfest feiern.

Die Völker pilgern ganz natürlich nach Jerusalem, weil Sie Gott suchen werden.

Sie wurden von ihm zurechtgebracht und kommen gerne. Das Beste aus allen Völkern wird in der Gottesstadt wohnen und die reine Liebe Gottes wird jede Kreatur durchfluten. Der Friede Gottes ist ewig. Die Menschen werden alle ihre verstorbenen Lieben wiedersehen. Das Paradies ist wiederhergestellt. Gott regiert durch seine Priesterkönige aus seiner Gemeinde von Jerusalem aus. Gottes Gemeinden bestehen schon jetzt überall in allen Ländern. Ihre Herrschaft ist nur noch nicht offenbar geworden. Seine Priesterkönige dienen nach dem Vorbild Jesu den Menschen.

Gottes neue Welt ist wirklich ganz neu geboren. Diese Welt ist kein Aufguss der alten Welt. Das Ende ist ein Neuanfang.

Alles Widergöttliche ist dann endgültig besiegt.

Die Geburt von Gottes neuer Welt führt zu Geburtswehen, die bereits begonnen haben.

Dieser Gott meint es ernst. Er ist nicht dieser alte liebvolle Mann mit Rauschebart, der hilflos zuschaut wie wir alles kaputtmachen. Gott ist nicht der

Weihnachtsmann, der nur dafür da ist, uns unsere Wünsche zu erfüllen.

Er ist Weltenherrscher und Richter.

Gott ist machtvoller Geist in drei Erscheinungsformen bzw. drei Personen:

- als Vater, der Schöpfer
- als Heiliger Geist, der Führer, der Lehrer, der Tröster, der Zeuge Jesu
- als Sohn Jesus Christus, der Messias und Erlöser

Gottes Geist, also Christi Geist, führt wieder zu Gott und damit zum ewigen Leben und sonst nichts. Nur der Geist macht lebendig. Der Geist selbst führt uns in alle Wahrheit und Weisheit Gottes. Durch den Geist können wir Jesus bezeugen. Er steht uns bei in aller Anfechtung.

Der Geist macht uns Menschen lebendig und wir gebrauchen diese Kraft nach unserem Willen bewusst oder unbewusst oder lehnen Ihn auch ab oder leugnen Ihn.
Ablehnung oder Leugnung ist ein sicheres Todesurteil. Denn wenn Gott seinen Geist von uns nimmt, sind wir wahrlich Tod. Um zu

leben, müssen wir uns also für Gott entscheiden und ihm vertrauen, denn wir können uns selbst kein Leben geben. Das kann nur Gott, Gott sei Dank. Auf der anderen Seite werden wir Gott nur vertrauen, wenn wir Ihn auch kennen. Im Jesus der Bibel kann jeder Mensch den Gott der Liebe kennenlernen wie er wirklich ist.

„ Jesus sprach zu mir: Ich bin die Auferstehung und das Leben; wer an mich glaubt, wird leben, auch wenn er gestorben ist; und jeder, der da lebt und an mich glaubt, wird nicht sterben in Ewigkeit. „Glaubst Du das ?
(Johannes 25)
Dann wirst Du errettet. Das ewige Leben fängt im jetzt für Dich an.

Das Wort Gottes ist keine verträumte Fantasygeschichte, keine geschönte Wahrheit, keine entrückte Poesie, sondern handelt von wahren Gegebenheiten, von menschlichen Abgründen, also von echten Menschen in aller Wahrheit wie Sie sind, nicht wie wir Sie gerne hätten und der Realität Gottes. Plötzlich ist Gott dem Menschen in Jesus nahe, nicht meilenweit entfernt.

Denn allen Dingen in dieser Welt geht die Schöpfung im Geist Gottes voraus. Die geistige Welt bestimmt diese Welt und nicht umgekehrt. Durch das Wort Gottes ist alles gemacht. So gebt acht auf euren Glauben, dass ihr euch nicht von dieser Welt und Ihren Philosophien abhängig macht und lasst zu gegebener Zeit los, was Ihr nicht halten könnt. Klammert euch aber mit ganzer Kraft an Gottes Wort, damit es euch sicher leite zum Vater in Ewigkeit, Amen. Lasst euch weder von der Angst, Macht, Habgier, noch von etwas anderen aus der materiellen Welt beherrschen. Denn das ist Sand, der durch eure Finger rinnt und eurer Lebenshaus wird bei der nächsten Flut hinweggeschwemmt. Lasst Gott das Zentrum eures Handels sein. Lasst ab von falschen Propheten, denn Egozentrismus wirkt zerstörerisch. Der Herr aber leite euch durch seinen Geist und sein Wort zuverlässlich ins Heil. Den falschen Propheten erkennt ihr aber an seinen faulen Werken.

Gott selbst spricht uns gerecht. Denn wer könnte vor Gott bestehen, wenn er das bekäme, was er verdiene.

Niemand ! Dank Jesus Christus kann nichts und niemand uns mehr von der Liebe Gottes trennen. Tod nicht, Teufel nicht, falsche Lehre nicht. Denn nur der eine ist wahrlich Gottes Sohn und der Christus.

Gott ist nicht unser Erfüllungsgehilfe. Er lässt sich nicht instrumentalisieren und damit von uns versuchen. Er muss sich uns nicht beweisen, obwohl er uns gerne in Liebe dient. Bittet Gott um das, was Ihr bedürft. Versucht Ihn zu lieben und missbraucht Ihn nicht für eure Zwecke. Es geht euch doch gar nicht um Ihn, sondern um die Bestätigung eurer eigenen Meinung. Ihr tut Ihm damit weh, dem der euch alles gegeben hat. Habt Ihr sowenig Respekt. Die Hauptsache wird zur Nebensache degradiert.

Ihr missbraucht Gott für eure eigenen Zwecke.

Nach der Bibel ist der Heilige Geist, das Leben, der Führer oder der Herr, der Vermittler zwischen Gott, anderen Brüdern und uns. Er ist auch unser Fürsprecher vor Gottes Thron.

Wenn wir eine neue Schöpfung geworden sind, ist zunächst nur unser Geist neu. Unsere Seele wird in dem Maße erneuert, wie wir dem heiligen Geist gehorchen. Die Heiligung ist daher ein Prozess wie Paulus es darstellte. Ein Wettlauf um einen ewigen Preis, um das ewige Leben bei Gott. Davon sollen wir uns nicht ablenken lassen. Glauben heißt auch: Hingabe im Gehorsam. Paulus bezeichnet uns als ein lebendiges Opfer. Nun das wir Jesus als Herrn und Retter angenommen haben, ist schon eine Wirkung des Heiligen Geistes. Zunächst fängt das neue Leben, als neuer Adam oder Eva, mit Gottes großer Liebe und Gnade an, dann legt uns Gott seine Ehrfurcht tief in unser Herz, damit wir uns nicht mehr von Ihm abwenden. Dann wird er uns endgültig in sein Reich, das mit der Ortgemeinde beginnt, einpflanzen.

Wir brauchen also noch Ehrfurcht und den Himmel im Herzen, damit wir uns nicht mehr von Gott abwenden. Siehe hierzu Jeremia 32,40. Nach Markus 3,28 kann uns Menschen jede Sünde vergeben werden, außer die Beleidigung des Heiligen Geistes. In Hebräer 10,19 werden wir Christen zur Treue zum neuen Bund, das Festhalten an das Evangelium bis zum Schluss ermahnt.

Denn auch der Judas Eskariot hatte Jesus lieb. Ihm fehlte jedoch die Ehrfurcht und die notwendige Demut im Herzen, mal abgesehen von seinen eigenen Vorstellungen wie Jesus sich verhalten müsse, also verriet er Ihn und

wurde nicht gerettet. Das können wir mit
Adam und Eva und dem gefallenen Engel dem
Teufel fortsetzen. Hier sind gestandene,
wiedergeborene Christen gemeint, die sich
vorsätzlich von der Wahrheit abwendet haben.
Es geht nicht um Gläubige, die noch in der
Entwicklung sind oder frisch wiedergeboren
sind und sich noch freistrampeln müssen. Der
der sich abgewendet hat, bereut dies auch
nicht und bekehrt sich auch nicht. Er hat gar
nicht den Wunsch sich zu bekehren. Er kann
also nicht mehr zur Buße geleitet werden und
der Heilige Geist verlässt ihn. Der Mensch
behält seine Entscheidungsfreiheit. Wenn er
allerdings bereut und noch zur Buße geleitet
werden kann, dann hat ihn Gottes Geist noch
nicht verlassen und er kann noch gerettet
werden.

So fürchte den Herrn, denn nach Spr. 14,27 ist
die Furcht des Herrn eine Quelle des Lebens,
um die Fallen des Todes zu meiden. Nach Spr.
16,6 wird durch Güte und Treue die Schuld
gesühnt und durch die Furcht des Herrn weicht
man vom Bösen.

Ich gebe offen zu, dass ich die Furcht vor dem
Herrn eine zeitlang vergessen hatte. Ich wurde
auch im Gottesdienst immer von der Liebe und

Gnade Gottes berieselt. Dass Jesus Weltenrichter und Herrscher ist, hatte ich erfolgreich verdrängt. Gott hatte mich durch eine harte Gerichtsbotschaft erst wieder auf Kurs bringen müssen. Ich habe ihm nicht sofort, aber dann später dreimal dafür gedankt. Denn wer wäre der Herr, wenn eines seiner Schäfchen dem Abgrund zu nahe käme und er es nicht vor dem Abgrund retten würde.

Ich habe mir damals vorgenommen, das Evangelium nicht mehr einseitig zu verzerren.

Ich möchte euch nun eine Geschichte erzählen wie der Heilige Geist Menschen zu Gott führt:

Ich war auf dem Weg nach Mallorca. Ich wollte meinen Schulfreund nach ca. 15 Jahren endlich mal besuchen. Ich konnte ja nicht ahnen, dass einige Freunde von uns heimlich für diese Begegnung gebetet hatten. Ich war schon ein wenig aufgeregt meinen Schulfreund nach einer so langen Zeit wieder zu sehen.
Da kam er nun in seinem Auto und es war als wären keine 15 Jahre vergangen. Wir haben uns sofort wieder erkannt. Ich stieg ins Auto und wir fuhren zu Ihm nach Hause. Als wir nun auf seiner Veranda saßen war ich erstmal richtig baff, als er mich so direkt nach meiner

Bekehrung fragte. Die Fragen nahmen kein Ende und so verbrachten wir noch einen wundervollen Sonntag am Strand. Da er Gott nur als eine Art Energie kannte, erklärte ich Ihm das Gott und Jesus Personen seien und er eine persönliche Gottesbeziehung haben könne und so empfahl ich ihm das Neue Testament zu lesen.

Ich hatte nicht erwartet, dass dieses Wiedersehen einen solchen Verlauf nehmen würde.

So bin ich zur Einsicht gelangt, dass Gott jeden Menschen gebraucht, der sich ihm von Herzen hingeben möchte.

Eine meiner Lieblingsstellen in der Bibel ist Johannes 3 das Zwiegespräch zwischen Jesus und Nikodemus. Dieses Zwiegespräch macht deutlich wie wichtig die geistige Wiedergeburt für die Errettung ist.

Die letzten Worte, die Jesus nach seiner Auferstehung sprach, waren:

Ich bin bei euch alle Tage bis an der Welt Ende.

Weißt Du was ? Kein religiöser Führer, noch Philosoph, niemand, der je das Denken von Menschen beeinflusst hat, konnte das sagen. Denn es ist auch sonst niemand zum ewigen Leben auferstanden als der Sohn Gottes.

Das Schlusswort

Dieses Buch wurde nicht geschrieben, um Menschen zu verurteilen, sondern um Sie zu retten. Das Buch ist ein Weckruf. Der geistliche Kampf richtet sich nicht gegen Fleisch und Blut, sondern gegen Gedankenfestungen, die Gottes geliebte Menschen gefangen nehmen und versklaven.

Die Geldgier ist die Wurzel allen Übels. (1. Tim. 6,10)

Warum schweigt die Kirche ?

Sie müssten ihre Schäfchen lehren und vorbereiten. Oh, Vater wecke deine schlafenden Bräute und befreie Sie vom Maulkorb des Mainstreams und des

Zeitgeistes. Die Kirche kreisen in der Regel um sich selbst und ihre Domination. Anstatt sich als den einen Leib Christi zu sehen.
Die Denominationen weisen eine große Zersplitterung auf und ein Konkurrenzdenken untereinander. Nach dem hohepriesterlichen Gebet Jesu für seine Gemeinde soll Sie jedoch Eins werden. Die Gemeinden sind weit davon entfernt. Ich möchte mit diesem Buch auch zur Einheit der Christenheit beitragen.
Diese wird umso dringlicher, je höher der Grad der Verfolgung wird.

Die Lüge kann vor der Weisheit Gottes nicht bestehen und eine echte Unsterblichkeit kann die Wissenschaft nicht bieten.
Die bekommst Du von Jesus Christus geschenkt und ist nicht von deinem Geldbeutel abhängig.

Das ist eine gute Nachricht. JEDER Mensch ist eingeladen, ein Kind Gottes zu werden und in ewiger Gemeinschaft mit Gott zu leben.

Es ist deine Entscheidung, Jesus Christus in dein Leben einzuladen und nie mehr verlorenzugehen. Gott möchte nicht, dass ein Chip Dich beherrscht oder dein Mobiltelefon, sondern sein guter, liebevoller, heiliger Geist.

Als ich ein Jugendlicher war, war ich sehr wissenschaftsinteressiert : Ich experimentierte mit meinem Chemiebaukasten und einem Elektromagnet. Als ich die Stromversorgung im Haus lahmlegte, wurde meine Experimentierfreude von meinen Eltern gebremst. Am Strom interessierte mich, dass sich die Teilchen vom Minuspol zum Pluspol bewegten. Ohne Plus- und Minuspol ist kein Stromfluss möglich. So sind auch wir Menschen und deshalb habe ich das Gefühl, dass insbesondere „ reiche „ Menschen und Glaubensgeschwister sich wie gelähmt verhalten, so als hätten Sie Angst sich zu bewegen und klammern sich an dem was Sie haben. So nach dem Motto, wer sich zuerst bewegt, hat verloren (Sein Vermögen bzw. seine Errettung). In einem afrikanischen Sprichwort habe ich dennoch gelernt :

Gott hat uns nie eine bequeme Reise versprochen, sondern nur eine sichere Landung.

Das ist nicht Gottes Plan für uns. Glauben riskiert was. Mut ist daher nicht die Abwesenheit von Angst, sondern die Kraft mit Gott und seinen Geschwistern seine Angst zu überwinden. Gemäß Josua 1, 5-6 spricht uns Gott Mut und Entschlossenheit und seine ständige Gegenwart zu. Das hat auch mir geholfen die notwendigen Schritte zu gehen.

Ich bin immer noch wissenschaftsinteressiert und bin ein Skeptiker und suche nach Beweisen. Vieles an der Wissenschaft und der Aufklärung finde ich gut.
Die Ratio wurde auch von Gott geschaffen.
Dennoch erkenne ich Gottes Existenz ganz klar in seiner Schöpfung und seinen Naturgesetzen.

Zum Abschluss möchte ich mir noch einige Gedanken machen wie man das politische System der EU reformieren kann.

Politik ist nach meiner Meinung der diakonische Dienst an unserer Gesellschaft. Kurz gesagt ist Politik Nächstenliebe konkret. Selbstsüchtige Politiker haben das Vertrauen ihrer Wähler verspielt und die Politik pervertiert. Ein Politiker ist nach dem Vorbild der Priesterkönige integer und dient seinen Wählern gerne. Er hat eine klare Identität und Vision, seine Weltanschauung ist transparent.

Seine Entscheidungen sind nicht käuflich.

Er respektiert die Menschen und das Recht.
Er handelt entschlossen.
Natürlich muss er auch manchmal unpopuläre Entscheidungen treffen.
Er sucht die beste, nicht die populärste Entscheidung für seine Gesellschaft, die ihn gewählt hat. Zurück zur EU:

Zuerst sollte eine Volksbefragung stattfinden, ob die EU ein Bündnis selbstständiger Nationalstaaten sein soll oder die Vereinigten Staaten von Europa. Der europäischen EU Kommission, der sog. Regierung der EU, würde ich zwei Beratergremien zur Seite stellen :

1 den Kirchenrat :

Dieser besteht aus allen Kirchen in einem gleichen Verhältnis. Damit nicht die großen Kirchen über die Kleinen herrschen. Der Kirchenrat berät die EU Kommission und schlägt eigene Gesetze vor.
Er kann ein Misstrauensvotum bezogen auf die EU Kommission beim Europaparlament stellen und im Notfall das Parlament auflösen und Neuwahlen ausrufen.

2 den Wissenschaftsrat:

Der Wissenschaftsrat berät die EU Kommission und schlägt eigene Gesetze vor.

Ferner braucht die EU, um weiter eine offene Gesellschaft unter Wahrung der Menschenrechte zu leben, die Kontrolle über Ihre Außengrenzen. Dabei soll es legale Zuwege in die EU geben, wo die Immigranten sich einfinden können, um ihre Ansprüche prüfen zu lassen.

Eine offene Gesellschaft bedarf der Wertschätzung und des Respekts gegenüber seinem Nächsten und seiner Freiheit.
Ausländische Straftäter können ausgewiesen werden. Die Meinungsfreiheit auch die Mindermeinung muss angehört und respektiert werden. Kein Mensch darf seine Menschenwürde verlieren, weil er sich und seine Familie nicht ausreichend versorgen kann. Daher wenn jemand nicht arbeiten kann, soll Er oder Sie ein bedingtes Grundeinkommen erhalten.
Um die demokratische, bunte Vielfalt zu erhalten, bin ich für die Abschaffung der 5 % Hürde.

Die Parteien sollen ihren Mandatsträgern grundsätzlich mehr Freiheit für Gewissensentscheidungen einräumen, also öfter mal den Fraktionszwang aufheben.

Die Wirtschaft soll wieder den Menschen dienen und nicht dem Mammon.

Mit guter Kunden-und Mitarbeiterzufriedenheit lässt sich am besten ein nachhaltiger Erfolg zeitigen.

Aufruf an jeden einzelnen Menschen :

Einer wissenschaftlichen Diktatur wie beschrieben sollten wir mit gewaltlosen Mitteln entgegentreten.
Die Wissenschaft ist kein Allheilmittel, noch hat Sie das Elixier zum ewigen Leben. Sie hat kein Medikament gegen das Böse, das seit dem Sündenfall vom Menschen entfesselt wurde.

Unser aller Gott meint es gut und sieht den Opferschutz vor dem Täterschutz. Er wird richten. Er ist mitnichten ein Weihnachtsmann noch ist er im Einkaufskorb zur Welt gekommen. Dieser

Gott ist Liebe und gerecht. Du kannst ihm nicht mit Hass in deinem Herzen nahen.

Für eine sichere , sorgenfreie Zukunft nimm seinen Sohn Jesus Christus in dein Leben auf. Jesus ist nur ein Gebet weit von Dir entfernt, selbst wenn Du weit weg bist.

Komm zurück in dein ewiges Zuhause beim Vater im Himmel.

Du bist sein geliebtes Kind. Er wartet auf Dich. Dieser Gott ist höchst zuverlässig in seinen Zusagen.

Gott erwählt Menschen nach seiner Gnade. Mose und Maria sind gute Beispiele. Selbst fromme Werke beeindrucken ihn nicht. Ja, religiöser Stolz ist sogar hinderlich.

Gott will Menschen mit einer demütigen Herzenshaltung. Jesus so steht es geschrieben gehorchte willig. Mose war einer der demütigsten Menschen, weshalb Gott mit Ihm von Angesicht zu Angesicht gesprochen hat.

Werdet wie Abraham zu Abenteurer Gottes und ergreift die wunderbare Zukunft, die er für euch hat. Dafür müsst ihre eure Komfortzone verlassen und die ersten Schritte tun.

Die Beziehung zu Gott gehört die erste Stelle in eurem Leben, sonst geraten eurer Leben und eure Beziehungen in Unordnung. Alle Gebote Gottes dienen der optimalen Entfaltung deines Lebens. Sie sind deshalb ewig und nicht veraltet. Für ein gelingendes Leben musst Du Opfer bringen zB zerstörerische Verhaltensweisen und Süchte aufgeben.

„ Gott ist mein Zeuge. Ich habe euch heute den Tod oder das Leben vorgelegt. Wählt das Leben." (5. Mose 28)
Wir Menschen müssen aufhören, uns selbst erlösen zu wollen und auf Gottes Weg der Erlösung in Christus Jesus vertrauen.

"Seid gleich den Menschen, die auf ihren Herrn warten, wann er aufbrechen wird von der Hochzeit, damit, wenn er kommt und anklopft, sie ihm sogleich auftun."
(Lukas 12,36)

Seid wach und vorbereitet, das Ende kommt überraschend und behandelt die

Menschen wie ihr von Ihnen behandelt werden wollt.

Jesus der Messias, mein Rabbuni, pflegt zu sagen :

„Ich versichere euch: Wer auf mein Wort hört und dem glaubt, der mich gesandt hat, der hat das ewige Leben. Auf ihn kommt keine Verurteilung mehr zu; er hat den Schritt vom Tod ins ewige Leben getan." (Joh. 5,24)

Kinder der Liebe

Herstellung und Verlag:

BoD – Books on Demand, Norderstedt

*Bibliografische Information der Deutschen
Nationalbibliothek*

*Die Deutsche Nationalbibliothek verzeichnet diese
Publikation in der Deutschen Nationalbibliografie;
detaillierte bibliografische Daten sind im Internet über*
http://dnb.d-nb.de *abrufbar.*

ISBN: 978-3-7481-8854-4"